新型城镇化的
顶层设计、路线图和时间表

——百国城镇化实地考察

吴季松　著

北京航空航天大学出版社

内容简介

新型城镇化以人为本，核心是给人以自由迁徙的权利，使其通过诚实劳动在选择的定居点中的各项权利得到保障。

作者为改革开放后首批出国访问学者，历时35年做了世界101国及我国34个省市自治区和特别行政区水生态与城市化的实地考察，其间在中科院、法国原子能委员会、联合国教科文组织和北京航空航天大学做理论研究。曾具体主管全国水资源管理工作6年。

基于作者以上的理论、调研与实践成果，全书论述了积极、稳妥推动城镇化健康发展，有序推进农业转移人口市民化的新型城镇化顶层设计、总体规划、路线图与时间表；以北京为实际案例做了具体分析；从101国考察的事例中提出了我国在城镇化建设中值得借鉴的经验和应该吸取的教训。

本书可供各级领导干部、企业管理人员、研究人员及广大有兴趣的读者使用。

图书在版编目(CIP)数据

新型城镇化的顶层设计、路线图和时间表 ：百国城镇化实地考察 / 吴季松著. -- 北京 ：北京航空航天大学出版社，2013.4

ISBN 978-7-5124-1097-8

Ⅰ. ①新… Ⅱ. ①吴… Ⅲ. ①城市化—研究—中国 Ⅳ. ①F299.21

中国版本图书馆CIP数据核字(2013)第060308号

新型城镇化的顶层设计、路线图和时间表
——百国城镇化实地考察
吴季松 著
责任编辑 宋淑娟
*
北京航空航天大学出版社出版发行
北京市海淀区学院路37号(邮编100191) http://www.buaapress.com.cn
发行部电话：(010)82317024 传真：(010)82328026
读者信箱：bhpress@263.net 邮购电话：(010)82316936
涿州市新华印刷有限公司印装 各地书店经销
*
开本：700×960 1/16 印张：17.25 字数：208千字
2013年4月第1版 2013年4月第1次印刷 印数：3 000册
ISBN 978-7-5124-1097-8 定价：38.00元

若本书有倒页、脱页、缺页等印装质量问题，请与本社发行部联系调换。
联系电话：(010)82317024

作者简历

吴季松，1944年生，满族，博士，教授，博士生导师。全国优秀科技工作者，瑞典皇家工程科学院外籍院士，北京航空航天大学中国循环经济研究中心主任，中国技术经济学会副理事长，北京循环经济促进会会长，国际科技工业园协会学术顾问委员会亚洲唯一的学术委员，原全国节水办公室常务副主任、水利部水资源司司长，原北京奥申委主席特别助理，原中国常驻联合国教科文组织代表团参赞（对外副代表）。

1962年分获北京市优良学生金银质奖章，毕业于北京二中初高中；

1968年清华大学工程数学力学系毕业；

1968年任新疆芳草湖农场拖拉机手、分场办公室负责人；

1971年任新疆仪表厂车工、技术组长；

1973年为中国科学院等离子体物理所总体组成员；

1979—1981年为欧洲原子能联营法国原子能委员会芳特诺核研究中心访问学者、工程师；

1982—1988年任中国科学院国际合作局国际组织处副处长、代处长，高级工程师、副教授；

1982年引入“可持续发展”理念；

1985—1986年主持联合国教科文组织“多学科综合研究应用于经济发展”专题研究，研究期间曾在美国、日本、英国和法国等7国实地调研，成果由联合国教科文组织发表项目研究报告（英文），是世界对“知识经济”的首次系统研究，创立“知识经济学”；

1990—1992 年任中国常驻联合国教科文组织代表团参赞(对外副代表);

1992—1993 年任联合国教科文组织科技部门高技术与环境顾问;

1993 年任国务院新闻办公室国际局副局长(主持工作);

1995—1998 年任全国人大环境与资源委员会研究室主任、教授;

1998—2004 年任全国节水办公室常务副主任、水利部水资源司司长;

1995 年任第 4 届世界科技园区大会(北京)副主席;

1997 年任第 6 届世界科技园区大会(里约热内卢)组织委员会副主席;

1997 年任中国工业经济协会学术委员会副主任;

1998 年任汉诺威 2000 年世界博览会国际指导委员会委员;

1998—2005 年任中国自然保护区评审委员会委员,中国矿业协会副会长;

1999 年在华盛顿美国国务院第 2 届中美环境与发展高层论坛作为中国代表团成员做首席发言;

2000 年作为中国政府代表团高官参加海牙第 2 届世界水论坛;

2000 年任北京奥申委主席特别助理;

2001 年任波恩国际淡水资源大会国际指导委员会委员;

2004—2008 年任北京航空航天大学经济管理学院院长;

2004 年至今任北京循环经济促进会会长;

2005 年获国际科技园区协会(IASP)"荣誉会员奖",为建会以来世界第七位、中国第一位获奖者,创立"新循环经济学";

2007—2012 年任北京市科学技术协会决策咨询委员会主任;

2008 年至今任北京航空航天大学中国循环经济研究中心主任;

2009 年当选为瑞典皇家工程科学院外籍院士(经济学部);

2010 年当选为中国技术经济学会副理事长、全国优秀科技工作者;

2010 年历时 32 年完成世界 101 国水生态系统、城市化实地考察;

2011 年获中国管理科学学会“管理科学奖(学术类)”。

自 1979 年以来,在国际知名刊物联合国教科文组织《自然与资源》、《科学对社会的影响》和《人民日报》、《光明日报》及国内外高层次环境与资源会议上发表有关资源管理、环境保护、知识经济、循环经济和城市化文章百余篇,出版《知识经济》、《知识经济学》(在台湾行销)、《现代水资源管理概论》、《中国可以不缺水》(入中共中央政研室送中央领导《书刊摘报》33 期,作为重要书目摘 8000 字)、《新循环经济学》(在台湾行销,2006 年由意大利 Effeelle 出版社全文出英文版,为我国经济学专著在国外全文出版的第 4 本)、《百国考察廿省实践生态修复——兼论生态工业园建设》、《中国经济发展模式——摸着科学与知识的石头过河》和《看世界》(百国系列共 20 本)等多部专著。其中《知识经济》于 2000 年获第 12 届“中国图书奖”,行销 27 万余册,是我国销量最大的新经济学专著。曾主持的有关水资源利用、水环境治理和水生态修复的第一批国家级项目的规划制定与实施,先后获北京市科学技术进步一、二等奖,均为第一完成人。

前言

笔者为改革开放后首批出国访问学者，历时35年做了世界101国及我国34个省市自治区和特别行政区的水生态与城市化实地考察。1992—1993年在联合国教科文组织总部(巴黎)科技部门任高技术与环境顾问，专门研究水环境及城市供水。1998—2004年任全国节水办公室常务副主任、水利部水资源司司长具体主管全国水资源工作6年半，制定国家级规划解决水问题，实践了以自己为主创立的“知识经济”及先后引入的“可持续发展”和“循环经济”的理念。2004年起在北京航空航天大学专门从事循环经济、水环境与城市化研究。

城镇化是历史发展的必然阶段，目前，世界城镇化率已超过50%。新型城镇化以人为本，核心在于给人以迁徙的自由，使其通过诚实劳动在选择的定居点中工作、居住和追求幸福的权利得到保障。因此，积极、稳妥的新型城镇化是城乡一体化、消灭城乡差别的有力措施，是扩内需的最大潜力，是稳增长的最大动力，城镇化的进程也应该成为我国转变经济发展方式的过程。

现在，农民工已达2.63亿人，而且还以每年3%～4%的速度增长，数量如此巨大的农业转移人口是前所未有的，是世界历史上最大的社会发展复杂巨系统工程，所以一定要实施创新驱动。在英国和法国仅解决2000万人规模的农业人口转移就分别用了120年和100年；在美国解决5000万人规模用了50年，结果产生了严重的城市黑人问题后遗症，美国政府在20世纪70年代末曾几近束手无策，又花了近30年采取多种措施才基本解决。笔者考察了包括所有发达国家200万人以上的大城市和发展中国家400万人以上的大城市。总结起来，其中有不少经验值得借鉴，也有不少教训可以吸取。

一、新型城镇化应以顶层设计进行总量控制

城镇化要进行顶层设计，形成大、中、小城市和小城镇的合理分工。城镇化要量与质并重，关键在于农民工在住房、子女教育、医疗、社会保险和文化服务等方面的市民化。我国城镇化的总量控制近期以到2020年以前城镇化率为65%左右，最终在70%以下比较适宜。我国有世界上最长的农耕文化历史；有较多的丘陵地带，不易进行规模化农业生产；文化和地理条件与日本(67%)和意大利(68%)相近，所以应保持相对较低的城镇化率。

二、城镇化应做科学的总体规划

发达国家城镇化的一个重要教训是大多数城市缺乏总体规划，尤其是对城市地域的资源、环境与生态系统的承载能力考虑不够。因此，我国的新型城镇化要在顶层设计的指导下，做好城镇化可持续发展长效机制的总体规划，把权力关进制度的笼子。其中，建立科学的指标体系是做好规划的关键，本书提出以经济、生态和人文三大方面的指标体系，来核算各城市的经济、社会、资源和生态的承载力和潜力。例如，在我国，水资源指标是约束占总数2/3缺水城市发展的短板。因此，在新型城镇化进程中，应变粗放发展为集约发展，使农民工的市民化科学、有序、真实、渐进地进行，并成为经济增长和可持续发展的主支撑。

三、城镇化应有清晰的路线图

新型城镇化以产业发展为基础，以市场驱动为主动力，因此要有以产业结构和产业布局为主的路线图。尽快改变“征地拆迁—房地

产开发—农民上楼”和“划地建园区—政府投资—七通一平—招商引资”这类后遗症很多的旧模式，变外延发展为内源发展。产业发展路线图要预测产业发展，注重高端产业创新，促进产业升级，实现经济发展方式的转变。

文化发展路线图要注重城镇传统文化保护，摒弃制造城镇象征和建设地标等在西方城镇已过时的文化发展思路，切实创造中国城市的特色。

城市生态建设路线图要使城市这个人工生态系统与地域所在的自然生态系统和谐，要以水定城，建设低碳的循环型城镇。城市发展路线图还要充分考虑城乡一体化和与相邻城市的互补。

同时，不能重蹈发达国家和一些发展中国家对大城市发展失控，造成恶果后再使城市空心化的覆辙。因此，城镇化过程中对大城市的人口总量控制是重点，百万人口以上大城市的人口占城市人口总量应低于40%，根据国际经验，最大城市人口不应超过2500万。同时要重视中小城镇的发展，形成特色。

四、新型城镇化要有渐进的时间表

借鉴国际经验，城镇化年增长率控制在2.5%以下才能保证较好的质量，才能使农业转移人口得到的不仅是户籍，而在一定的经济增长率条件下享受到城市住房、交通、环境、教育和社会福利的同等权益，安居乐业，也才能保证新老市民的生活质量不降低。在世界1990—2009年的城镇化过程中，起点高于50%的国家年增长率除阿尔及利亚以外都在2.6%以下。

五、城镇化的三元参与模式

国际现代化城镇的经验表明，新型城镇化顶层设计、总体规划、路线图和时间表的制定是必要的。纽约和华盛顿的发展都做了成功的城市建筑规划，莫斯科的发展做了成功的环境规划，迪拜的发展制定了成功的路线图，东、西柏林合并后的发展制定了切合实际的时间表；但这些都不是个人或专家组闭门造车做出来的，而是由政府、企业和新老居民三方参与，在经济发展和生态承载力等科学理论指导下借鉴国际经验进行的。鉴此，本书提出一个城镇化三元参与模式，即政府、企业和居民三元参与。

政府是城镇化的主导，应做到依法行政。政府的职能主要有：顶层设计、法规制定、总体规划、制定路线图、控制时间表、资金筹措、三方协调，实现高效与科学的管理。

企业是城镇化的基础，应按市场规律运行。企业的职能主要有：多渠道投资、参与总体规划的制定、评估资源与环境承载能力、利用公共设施提高生产效率获取利润、保证最低工资与福利、促进产业升级与技术创新。

居民（包括新老市民）是城镇化的主体，应实现公众参与。居民的职责主要有：自由选择是否成为市民，不断提高自身素质；通过听证会等形式充分实现公众参与；以诚实劳动争取成为“纳税人”，对城市发展贡献实实在在的正能量；通过合法手段维护自己的各项权益。

通过以上三个元素的相互支持、互为补充、互相监督来落实上述功能，使我国的城镇化走上科学、健康、可持续发展的轨道。

在研究过程中，笔者得到台盟中央林文漪同志的全力协同合作，以及北京航空航天大学原党委书记杜玉波同志，原校长李未院士，胡凌云党委书记，怀进鹏校长，中国工程院、北京市科协、北京市科委、北京市发改委、中国技术经济学会、北京循环经济促进会和北京航空航天大学出版社的大力支持。

笔者在长达35年的研究中得到已故卢嘉锡院士、王大珩院士、季美林先生、张维院士、汪德昭院士、刘东生院士和潘家铮院士亦师亦友的精心指导和热心帮助。

先后得到师昌绪院士、叶笃正院士、栾恩杰院士、殷瑞钰院士、傅志寰院士、江泽慧教授、孙鸿烈院士、刘德培院士、刘颂豪院士、徐乾清院士、陈志恺院士、王大中院士、郭桂蓉院士、李京文院士、周国泰院士、蒋士成院士、马国馨院士、沈荣骏院士、许健民院士、张懿院士、过增元院士、傅家骥教授、解沛基教授、于宗林教授、谢宏总编、吴琼恩教授(台湾)、郭重庆院士、袁晴棠院士、巴德年院士、袁业立院士、何继善院士、石碧院士、孙宝国院士和王如松院士等多位专家在他们领域中的热心指导与帮助。

得到已故"国家创新体系"创意者弗瑞曼(C. Freeman)教授,以及诺贝尔物理奖获得者卢比亚(K. Rubia)教授、诺贝尔化学奖获得者克鲁岑(P. Crutzen)教授、瑞典皇家工程科学院安德森(T. Andersson)院士、世界高级研究所联盟总干事尼尔森(S. Nilson)教授、"可持续发展"理念创意者弗蒂(S. Forty)教授、"循环经济(清洁生产)"创意者拉德瑞尔(J. Lardreal)教授、国际知识经济权威弗米卡(P. Formica)教授等国际著名专家的热心指导和帮助。

35 年时间漫长,以上提及挂一漏万,仅在此一并向指导、帮助和支持笔者研究的所有国内外学者和朋友表示衷心的感谢与深切的敬意。

吴季松

2013 年 3 月 28 日

目　录

第一章　城镇化的历史、形成与基本理念

从城镇化的历史及其形成可以看出，尽管城镇化基本上是一个自然的过程，但是在形成过程中，在人文、生态和经济方面都有其基本理念。

一、城镇化的历史

城镇化是指人口向城镇集聚的过程。这个过程表现为两种形式，一是城镇数目增多，二是各城镇内人口规模不断扩大。反映城镇化水平高低的一个重要指标是城镇化率，即一个地区常住于城镇的人口占该地区总人口的比例。城镇化是人口持续向城镇集聚的过程，是世界各国工业化进程中必然经历的历史阶段。当前，世界城镇化水平已超过50%，有一半以上的人口居住在城镇。

在狩猎原始的社会是没有城镇的，随着生产的发展，在农耕时代出现了城镇，这主要是皇帝、国王、诸侯和领主的政治需要，选择地理位置居中、贸易较发达、交通较便利和水源较充足的大村落，使之变为城镇。笔者深入考察过中国历史上较早的城市——安阳的殷墟，当地完全满足上述必要条件。欧洲较早的城市之一——巴黎也是这样，从塞纳河边的一个渔村变成了城镇，但它比殷墟晚了近2000年。

随着国家的统一与经济的发展，城镇增多，城市变大，早在农

业社会中就形成了百万人口的大城。

工业革命的产生，伴随着工业化，使城镇化到了一个新的阶段，其内容也发生了相应的变化。城镇成为集中原料、集中资本、集中人力、集中新技术的生产中心，形成了千万人口的超大型城市。

伴随着城镇化的不同形成方式，世界的城镇化经历了不同的阶段，即中世纪由皇权、封建领主等引导的城镇化；15世纪以来由贸易、商业化带动的城镇化；工业革命以来由技术创新、产业发展驱动引起的城镇化。

（一）中世纪由皇权、封建领主等引导的城镇化阶段

这一阶段，城镇化在西方表现为最早的希腊城邦——由王权统治催生的国都，如巴比伦城、雅典卫城和罗马城等。欧洲较迟形成中央集权的国家，早期领主所占地域狭小，稀缺的资源只能维持分散的小城邦，而城邦则以占据制高点的城堡为中心。

皇权引起的城镇化在中国更为明显。在2000多年的封建时代，政治地位都是中国城镇的根本，它作为附属依赖于皇室。从先秦时代开始，中国城镇的聚集效应就突出表现为政治功能的主导性，城镇建设的各方面都以政治统治和军事防御为主要目的，如殷朝的安阳、西周的丰镐、东周的雒京、秦朝咸阳、汉朝长安、三国东晋建业、北魏洛阳、隋唐长安、北宋开封、南宋临安、元大都和明清北京等。

（二）15世纪以来由贸易、商业化带动的城镇化阶段

15世纪起，商业成为西方城镇发展的主要驱动力，资本主义成

熟后，城镇的性质由政治中心变为经济中心。

西欧五大国际贸易区的中心就形成了城市：以威尼斯和热那亚等城镇为中心的地中海贸易区，垄断着东西方和地中海沿岸国的贸易；以布鲁日和根特等尼德兰城镇为中心的北海和波罗的海贸易区，沟通了西欧、北欧和东欧，并与地中海贸易区相通；以汉堡和不来梅等140多个城镇结成的汉萨同盟，垄断了北欧与各地的贸易；以基辅和诺夫哥罗德等城镇为中心的罗斯贸易区，控制着东欧贸易，并成为对东方贸易的又一通道；以伦敦和安普敦等城镇为中心的不列颠贸易区，逐渐控制了西欧贸易。

而中国在这一历史阶段的城市始终以皇权特征为主，多为政治的中心，商业与贸易居次要地位。一些纯商业城镇除佛山曾为世界大城外，其余规模都较小，如历史上著名的茶马古道与陆上和海上丝绸之路，在沿线形成了依赖贸易而存在的城市和很多商镇。

（三）工业革命以来由技术创新引起的城镇化

工业革命实现了从传统农业社会向现代工业社会的重要变革。机器大生产是近代经济区别于以前各种经济模式的最重要标志，是近代城镇革命的物质基础。工业革命使得西方世界城镇化运动兴起，最终转变成为一个城镇社会。

在第一次工业革命的浪潮中，城镇发展之快超过了以往任何时期。工业化带动城镇化，是近代城镇化的重要特征。欧美国家城镇数目激增，城镇规模快速增长，英国在1900年的城镇人口比重即达到75%，成为世界上第一个城镇化国家。近代，世界城镇化的又一特点是亚非国家城镇化的兴起，出现了一元的封建城镇体系向封建城镇与近代城镇并存的二元结构转化。1950年，世界城市化水平上升到 29.2%，全球初步形成城乡并存的局面。

在 19 世纪的中后期，以电气和运输革命为主的第二次工业技术革命主要发生在美国，美国的城市化以产业革命驱动，并在 20 世纪初期完成。

目前，世界形成了六大城镇群，分别是以纽约为中心的美国东北部大西洋沿岸城镇群、以芝加哥为中心的北美五大湖区城镇群、以东京为中心的日本太平洋沿岸城镇群、以伦敦为中心的英国城镇群、以巴黎为中心的欧洲西北部城镇群、以上海为中心的中国长江三角洲城镇群。六大城镇群的 GDP 占了全球 GDP 的 40%以上，充分表明了城镇群在全球经济中的巨大作用。

自改革开放以来我国城镇化发展迅速，2012 年城镇化率已达到 52.7%，是目前全球城镇化发展最为迅速的国家之一。

二、城镇化的形成

世界历史上，城镇化的形成有三个主要形式，即由皇权、封建领主、计划经济的行政命令形成的城镇；由交通、贸易、工业革命等市场驱动形成的城镇；由以上二者的结合形成的城镇。

（一）皇权、封建领主、计划经济等行政命令形成城镇

古代的中西方城镇（或城堡）大多是由于皇权（王权）、封建领主们的政治需要，并由此对农业征租和对农民奴役而发展起来的。这种形式的城镇，其功能多为政治、军事或文化中心。在古中国、古埃及、古印度、古巴比伦四大文明古国中，城镇都以这一模式形成。目前，这些古国的都城除北京外都已消失，因此，北京作

为古文明时代由皇权形成的城镇就显得弥足珍贵。前苏联计划经济时期的新城镇则大多是以行政命令的模式形成的。

(二)交通、贸易、工业革命等经济驱动形成城镇

15 世纪以来，船舶和航海技术的进步使得世界贸易兴起，陆上和水上各条重要通路开通。1492 年哥伦布发现海上的新航路可以到达北美，极大地推动了全球贸易，直接催生了工业革命。

18 世纪中叶工业革命开始，世界城镇化迎来了一个崭新的时期。1765 年珍妮纺纱机的出现，标志着工业革命的开始。1781 年瓦特发明蒸汽机，引发一系列技术革命，引起了从手工劳动到机器生产的重大飞跃，大工厂的机器生产需要集中原料、集中资金、集中劳动力、应用新技术，因而形成了近代的城镇化。19 世纪 40 年代工业革命在英国基本完成，至 19 世纪末英国的城镇化完成。

(三)以上两种形式结合形成城镇

除以上两种形式形成的城镇外，还有很多城镇是在这两种因素的共同作用下发展起来的。不少是在经济发展的基础上，吸引了皇权和封建领主进行选择，将都城建于此地，如伦敦和巴黎等。

这三种城镇化形成的方式都与经济发展水平密切相关。经济发展水平与城镇化进程之间存在正相关关系，两者互相促进，互为因果。即便是因皇权形成的城市，也是建筑在农业经济高度发展的基础之上的，中国历史上就不乏隋炀帝脱离经济基础建都，结果造成城市凋败，以至国家灭亡的先例。

城镇化与工业化也互相依存、同生共长。从国际经验来看，一国工业化推进的过程，就是城镇化加快的过程，是一个不断破解城

乡二元结构、消灭城乡差别、实现城乡一体化的发展过程。城镇化是工业化的必然结果：工业化是城镇化的经济实体，城镇化是工业化的空间载体。

城镇化与工业化一样，是国家由贫穷落后走向繁荣发达的必由之路。城镇化是工业化的必然趋势，是农业现代化的牵引力，是转变经济发展方式、调整产业结构的客观需求。

我国已进入快速城镇化发展阶段，城镇化的速度也是世界罕见的，英国、美国、法国等发达国家从城镇化率低于30%达到50%，大致经历了120年、100年和80年时间，而中国仅用了不到40年的时间就完成了这一过程。

目前以特大城市为依托，城镇群的辐射作用已经是中国经济重要的增长极。京津冀、长三角、珠三角三大城镇群，以及辽中南、中原、武汉、长株潭、成渝、闽东南、山东半岛、关中天水、北部湾等城镇群，以不到全国1/10的土地面积，承载了全国1/3以上的人口，创造了全国1/2以上的GDP。

三、新型城镇化的人文理念——以人为本

以人为本，保障人自由迁徙的基本权利，使农业转移人口市民化，逐步消灭城乡差别，是新型城镇化人文理念的核心。

（一）保障人的自由迁徙权利

进入封建社会以来，由于政治和经济的需要，人是不能自由迁徙的，基本上是生在农村的就世世代代为农民。在欧洲，农民只有因为战争等机会被授予了爵位才能进入城市；在中国还有另一条途

径，就是通过科举考试，这也是中国农业社会更能有效地使用人才的重要原因，但是一直到清朝末年，汉人仍是不允许进入北京内城即皇城居住的。直至今日，在巴黎，由于房租和地区商店的价格几乎加倍（由好区商店店租太高造成的），一般居民也无法在好区（高档区）居住。

今天城镇化的理念就是，在理论上，任何一个公民（包括外国人）都有在城镇和城镇任何一个地方居住的权利。保证人的迁徙自由，这是人权理论的基本点，也是以人为本的重要内涵之一。

（二）保障诚实的劳动者在城镇中居住、工作和追求幸福的权利

任何一个公民可以自由迁徙到任何一个城镇的任何一个地方只是理论上的概念，现在没有任何一个国家实现。

通过新型城镇化就可以有条件地实现这一理想，即通过诚实劳动获得工作；有合法的住所；缴纳税款，起码是为自己利用公共设施付出相应代价，而不是只享受他人的税赋。农业转移人口对扩大内需所起的作用，就如同向城市输血来增强活力、促进发展一样，但是必须配型才能如愿。

对于符合这样条件的人，首先要尽快解决户籍问题，可以参照国际经验先实行居住证制度。但这只是问题解决的开始，而不是结束。他在所选择的城市中的工作、居住和追求幸福的权利应得到法律与社会的保障。要逐步实现城镇基本公共服务覆盖常住人口，为他们安居乐业创造公平的制度环境。简而言之，要使他们得到稳定就业、合理工资、公共服务和平等福利，只有这样才能彻底改变城市中存在的二元结构。这些方面在城镇化已经完成的发达国家里已

经基本做到了，我们通过新型城镇化和城乡一体化也应该做到。

四、新型城镇化的生态理念——生态承载力

新型城镇化生态理念的理论基础是可持续发展理论，即城市基本上是一个人工生态系统，它叠加在所在地域的自然生态系统之上，城市的建设与发展必须是在所在地域自然生态系统承载力许可的条件下，这样的城市才能可持续发展。

(一)“可持续发展”理念的由来与内涵

“可持续发展”家喻户晓，但重述其由来与内涵有助加深理解。

1. 可持续发展理念的由来

自20世纪70年代末开始，联合国教科文组织的自然科学政策研究部门，就开始研究建立一种自然资源、生态与环境可以支撑的持续发展模式。当时的联合国教科文组织的自然科学政策研究部门集中了不少世界级精英人才，堪称“世界脑库”。“科学研究的基础研究、应用研究和技术开发分类”，“可持续发展”和“知识经济”的初始概念都源于这个集体。

“可持续发展”一词来自拉丁语“sustennere”。联合国教科文组织中的创意者，后来在联合国教科文组织曾与笔者是同事，在他第一次提出可持续发展的“持续”（sustain）一词时用的是法文，是“撑得住”、“垮不了”和“得以维持”的意思，由此可见其原意有很强的警示意义。就是说，再按传统西方经济模式发展下去，就撑不住了，要垮台了，维持不下去了。后来译为英文“持续”（sustain)，是“支撑”、“承受得住”和“继续”的意思，这种警示的意义大为减弱。笔者于1982年将这一概念介绍到国内，译为“可持续发展”，实际上警世意义进一步减弱，更确切的译法是“撑得住的发展”。回顾“可持续发展”概念的形成，对于深入理解是有很现实的意义的。

“可持续发展”（sustainable development）的原始概念来源于生态学，最早是联合国教科文组织科技部门（科技政策处）在20世纪70年代使用的。在公开的国际文件中最早出现于1980年由国际自然保护同盟（IUCN）在世界野生生物基金会（WWF）的支持下制定的《世界自然资源保护大纲》（*The World Conservation Strategy*）。

2. 可持续发展的定义

由于可持续发展的概念是从生态学范畴中引申出来的，许多机构或专家从不同的角度对可持续发展做了不同理解和定义。

联合国教科文组织于20世纪80年代初提出的理念是“可持续发展就是当代要留给下一代不少于自己的可利用资源”。

1983年11月，联合国成立了世界环境与发展委员会（WEDC），以挪威首相布伦特兰（G. H. Brundland）夫人为主席，成员包括科学、教育、经济、社会和政治方面的代表，其中14人来自发展中国家，中国仅有马世骏教授参加（笔者参与派出工作）。布伦特兰夫人以提出“可持续发展”闻名于世，实际上她只是引用联合国教科文组织的概念，并领导委员会做了进一步的工作。

布伦特兰夫人领导的世界环境与发展委员会经过4年的工作，于1987年向联合国提交了题为《我们共同的未来》（*Our Common Future*）的研究报告，正式提出了可持续发展的新设想。

《我们共同的未来》提出：“可持续发展寻求满足现代人的需要

和欲望，而又不危害后代人满足需要和欲望的能力。”

它进一步明确了可持续发展的概念，提出以下几个原则：

① 发展的原则，和平与发展是当代人类进步的两大主题；

② 经济、社会、环境与生态协调发展的原则；

③ 资源利用代际均衡的原则；

④ 区域间协调发展的原则；

⑤ 社会各阶层间公平分配的原则；

⑥ 现代生态型生产的原则。

2002 年，南非约翰内斯堡世界可持续发展会议又提出了“消除贫困的原则”。

在笔者创意的知识经济中提出了可持续发展较为完整的定义：“以新的生产方式不断提高人群生活质量和生态系统承载能力，满足当代人需求又不损害子孙后代满足其需求的能力，满足一个地区或一个国家的人群需求，又不损害别的地区或别的国家的人群满足其需求能力的发展。”

（二）地域自然生态系统承载力是城市人工生态系统可持续发展的保障

城镇化的基本前提是城镇要可持续发展，我国和世界上都不乏兴旺一时的城镇突然从地球上消失的例子。我国丝绸之路上的古城楼兰、墨西哥的玛雅古城，都繁华一时却突然消失至今，我国和世界上在 20 世纪末也有许多矿竭城衰的城镇。原因是什么呢？

问题可以从生态学理论得到明确的解释。城镇生态系统是人们在一片地域的自然生态系统上建立的人工生态系统。这个人工生态系统要从自然生态系统中取得水源、取得氧气、取得矿产资源，利用土地种植粮食，依赖自然生态系统的支撑。

一旦人口过多，水就不够用，水越少污染就越严重，水质也越差，不能供人饮用。一旦车辆和工业过多，有害气体排放就越多，大气污染就越严重，以至引起严重的呼吸道等疾病。一旦矿产连年开采，越来越少，单一的经济就会萎缩，人们就会贫困化。一旦土壤过度耕种，日益贫瘠，连地下水也受到污染，粮食就会减产，甚至产生含毒害物质。城镇就越来越不适于人类生存，就不可能持续发展。

有人说："水没了可以调。"采用这种方法，其代价高昂不说，跨流域调水是违反生态学原理的，而且调出地的城镇也要发展，不可能永续调水。有人说："大气污染了可以等风来。"可是至今人仍不可能控制气候变化，而且气体污染排放物的量越大，排散就越慢，在污染时间段内对人已造成了伤害。矿产和粮食是可以调配的，但取决于运输的能力和国内外市场的价格，也对城镇居民的生活水平产生严重影响。所以，使城镇人工生态系统的发展处于地域自然生态系统的承载力范围之内，是城镇化最科学合理的选择。

（三）新型城镇化的生态理念

城镇的建设和发展要处于地域的生态承载能力之内是城市生态理念的核心。

从生态学的理念看，城市是附着在自然生态系统之上的人工生态系统，也就是说，城市地域的自然生态系统必须能够承载其上的城市人工系统。

1. 水资源与水环境承载能力

水是生命之源，也是人类生存的基本条件，而水又是难以大范围调配的资源，因此，城市的人口和面积都受到水资源与水环境条件的约束，不能无限增加与扩大。城市地域狭小，自产水资源量少，人口众多，所以人均水资源量都较少；但是城市经济发达，生活水平较高，因此用水量大，而且排污量也大，人均排污量高。所以，水是约束城市发展的短板。大多数城市都临河而建，所以这个矛盾相对缓解，尽管如此，我国 670 个城市中有 2/3 的城市都缺水。国际上的墨西哥城、德黑兰和柏林等城市也缺水。笔者在联合国教科文组织时制定的可持续发展人均最低水资源量为 300 立方米/人。对于城市而言，其中生态用水可以相对减少而依赖周边，但至少也应达到 200 立方米/人，才能支撑城市的可持续发展。

2. 大气环境的承载能力

城市地域狭小，对于集中的大气污染排放的扩散能力很小，尤其是依山或在盆地的城市。2013 年 1 月在我国华北地区产生的极重度雾霾天气十分清楚地说明了这个问题。因此，城市人口的增加、车辆的增加、工业的发展和城市的扩展必须考虑到这一问题，不仅要考虑本地域，还要考虑周边地域的排污问题。

3. 生态系统承载力

水资源和大气环境是最主要的生态系统要素。此外，城市森林、城市水系、人均绿地和人均水面面积等都是城市生态系统的重要因素，且都有指标要求，它们也决定了城市的生态承载力，所以均应达到。

五、新型城镇化的经济理念——提高生产效率

集约利用资源产生更高的生产与流通效率是城镇化经济理念的核心。

自封建社会以来，除了少数因皇权和领主的需要建立的城市以外，大多数城镇的建立都是为了发展经济。发展经济应成为城镇化的基础。

（一）提高生产效率和人均产值

我国目前进行的是工业化的城镇化，这也是所有发达国家走过的历程。工业化的城镇化的主要目标就是在城市中集中原料、集中资本、集中素质较高的人力、使用新技术，以工厂这种形式来提高生产效率和人均产值，从而发展经济。

以法国和德国的工业革命过程来看，1820 年法国开始城镇化，到 1913 年完成，人均 GDP 在 1 个世纪内从 1230 美元（1990 年）增长到 3485 美元（1990 年），增长了 1.83 倍；德国在同一时期人均 GDP 从 1058 美元（1990 年）增长到 3648 美元（1990 年），增长了 2.45 倍。而两国在此前的近 10 个世纪中基本上是增加了同样的倍数，也就是说在生产效率的提高方面，在城镇化的过程中百年走完了千年的路程。

（二）科技园区——新型城镇化的主力

自 20 世纪 50 年代以来，从美国的硅谷开始，出现了以高技术

革命产业化为支柱的新型城镇化，即兴办科技园区，成为城镇的新细胞，发展了沿硅谷从旧金山到圣巴巴拉长达350公里的新城镇带。

科技工业园区这种新型城镇已成为促进科技成果商品化、产业化和国际化的最有效的方式之一，它在聚集创新资源、繁荣创新创业文化、孵育新的经济增长点、孵育新的高新技术企业与创新型企业家等方面发挥了巨大作用，已在全世界受到前所未有的关注。随着信息产业、网络产业、生物产业和知识经济的发展，科技工业园区已成为发达国家的后工业化和发展中国家以信息化带动工业化的新型工业化的载体，也是新型城镇化的重要形式，如法国的索菲亚·安蒂波利斯、中国北京的中关村和印度的班加罗尔等新兴城镇。

科技园区就是在知识经济的发展中以政府为主导，以企业为主体，以大学、科技界为引导，构成经济发展的主动力，变二元动力为三元动力，如图1-1所示。

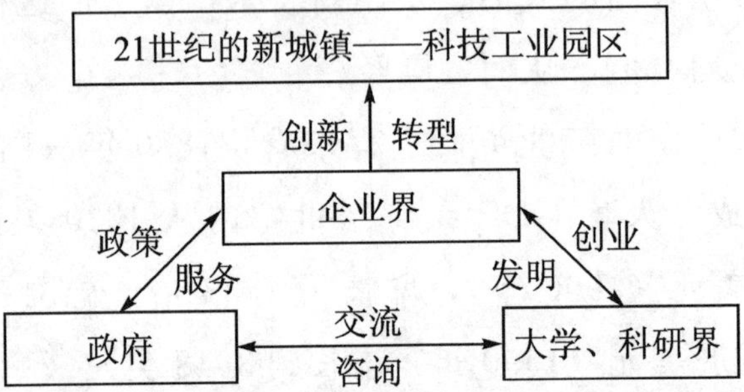

图1-1　知识经济发展中的三元动力

园区与传统工业城镇的不同之处在于不再是集中资金、原料、能源、劳动力和利用传统技术来发展企业；而是集中风险投资、创业人才和高技术来创新产业。与此同时，园区还承担起修复生态系统的任务，使经济从工业文明向生态文明过渡。

（三）城镇化对当前扩大内需、稳定增长的重大作用

目前，在我国开展的新型城镇化也有一个发展过程。中共第十五届四中全会通过的《关于制定国民经济和社会发展第十个五年计划的建议》正式采用了“城镇化”一词。这是近50年来我国首次在官方文件中使用“城镇化”一词。

中国共产党第十八次代表大会报告中提及城镇化多达七次，指出：工业化、信息化、城镇化和农业现代化成为全面建设小康社会的载体。体现了城镇化在实现全面建设小康社会的实践中占据越来越重要的地位，也提出城镇化至少包含以下五方面内容：

① 城镇化要注重消除城镇内部的二元结构；

② 城镇化要促进创新和升级，提升工业生产效率；

③ 城镇化离不开农业现代化；

④ 加快城镇化离不开房地产行业的平稳健康发展；

⑤ 既要重视中小城镇和小城镇建设，也要重视培育新的城镇群。

城镇化是产业发展的需要，城镇化是高技术创业的需求，城镇化也是广大农民的需求。产业发展、产业创新和农民进城从目前状况和长远潜力来看都大大促进了内需，是稳定经济增长的最重要途径之一。

第二章　我国新型城镇化的顶层设计、总体规划、路线图和时间表

我国的新型城镇化只有在科学发展观的基本人文、生态和经济理念指导下进行顶层设计、总体规划，制定路线图和时间表，才能科学、有序、可持续地进行。“顶层设计”解决“是什么”的问题，“基本理论”解决“为什么”的问题（见第三章），“总体规划”解决“怎么做”的问题，“路线图”解决“在何地”的问题，“时间表”解决“在何时”的问题，这也正是知识经济发展的5个“W”：what，why，how，where，when。

一、顶层设计——积极、稳妥地推进新型城镇化健康发展

顶层设计就是站在历史发展的高度，以人为本，依法对城镇化的土地城镇化、劳力城镇化和居民城镇化进行全面部署和总量控制，防止盲目城镇化、过度城镇化、“摊大饼”和一窝蜂。

新型城镇化是我国社会主义市场经济发展的必然产物，但是，它需要政府、企业与居民三结合进行，政府的主要作用就是进行顶层设计。

我们新型城镇化的目标就是把我国从以农村居民为主的国家，通过把农业人口转移到城市变成以城市居民为主的国家，从而保障居民迁徙自由，提高生产效率，更有效地利用各种资源，形成大中

小城市和小城镇的合理分工，实现可持续发展。

（一）改革开放的“顶层设计”

1978 年改革开放之初，总设计师邓小平同志就对改革开放进行了顶层设计——“建设小康社会”，而且提出了具体的数量指标进行总量控制，即“到 1990 年国民生产总值翻一番”。

邓小平同志描绘的中国小康社会的蓝图，受到他 1920 年到法国、1926 年从生活的巴黎近郊哥伦布镇离开的经历的重要影响，法国在这一期间从第一次世界大战的疮痍中恢复，1926 年即邓小平同志离开法国时，人均 GDP 达到 4209 美元（1990 年），当时已经是一个小康的生活水平，这或许是邓小平同志对“小康”的实际体验和设计小康蓝图的实践依据，这也正是我国目前初步小康的真实水平。

任何设计都应依据科学，科学的基础是知识，知识是经验的总结，经验又分直接经验与间接经验。对于顶层设计而言，应该二者兼而有之，而直接经验往往又占有更重要的部分。钱学森先生生前仅在一处兼任教授，即在清华大学工程数学力学系，是笔者的老师。钱先生对我国导弹事业的最大贡献是他 1945 年作为美国接收纳粹德国在奥斯特堡的 U-2 飞弹基地代表团的成员，见过导弹发射基地。对于城镇化的顶层设计来说，也是同样的道理。

（二）从历史经验看城镇化顶层设计的可能性与必要性

工业革命以来的城镇化已经进行了两个半世纪，积累了充分的历史教训与成功经验，使得我国进行新型城镇化的政府有可能进行预先的顶层设计，并在过程中依法按政府、企业和老城市居民与农业转移人口三方参与的模式（见第三章）共同努力完善。

1. 避免促进人口增长

从1650年到1750年，欧洲人口从1亿增加到1.4亿，一个世纪增长了40%。而工业化和城镇化以后，人口从1750年的1.4亿增加到1850年的2.66亿，增长了90%。这一方面是由于生活富裕，另一方面城镇化在医疗条件等各方面的改善也促使人口增长。从婴儿死亡率看，我国农村地区婴儿死亡率高于城市地区，2010年城市地区婴儿死亡率为5.8‰，乡村地区婴儿死亡率为16.1‰。

在不断增长的城市人口中，农民工所占的比例越来越大，农民工的60%以上在地级以上大中城市务工，使得大中城市拥堵问题日益凸显。2011年，全国农民工总量达到25278万人（约占全国总人口的1/5），比2010年增加1055万人，增长4.4%。而我国的人口政策是城市一胎，农村两胎。所以不仅已有两孩甚至三孩的农业转移人口造成新老城镇居民占用资源的不合理，而且还会造成待转移农业人口赶生的现象，其数量之大直接影响我国计划生育政策的落实。解决这一问题要靠三元参与模式：政府坚守国家法令与政策的延续性，企业大力协助，农业转移人口提高素质全力配合。

2. 避免加大贫富悬殊

从欧洲城镇化的进程看，大多数农民进城后，从衣食住行的基本生活条件看并没有改善，在居住面积、居住环境、饮食和出行方面反而有所下降。

我国目前农民进城前、后的情况比较是：

① 居住面积大大减少，粗略调查表明，北京农民工的人均居住面积小于6平方米，同时居住环境也大不如前。

② 进城后食用蔬菜量大大减少，新鲜程度也大大降低，为便宜而买处理的剩菜是普遍现象。

③ 出行依靠十分拥挤的公共交通。

更为重要的是，不但在这些实际方面贫富悬殊加大，而且由于参照物的改变和更直接的对比，使得农民工对贫富差别的感觉比按货币价值比较出的差别强烈数倍，从而造成了“来钱快”成为不少农民工工作的主导思想，导致从多方面增加了社会的不稳定。

这一问题也要靠三元参与模式来解决。政府应尽快使城市的最低工资水平达到平均水平的40%；企业尽可能配合，在提高生产效率的基础上提高工资；农业转移人口要充分认知在这一特殊历史时期的暂时现象，配合政府与企业渡过这一艰难阶段，而绝不应站到对立面。争取在2030年达到德国与法国这样贫富差距较小国家的水平，即最高收入的10%居民收入不高于最低收入的10%居民的6倍。

3. 避免教育不公平问题加剧

城镇化带来的子女教育不公平问题在进城农民与户籍居民间进一步加剧。

一方面，进城农民的随迁子女实际上不能享受与户籍居民孩子同等的教育，很难融入本地居民中。在学前教育方面，农民工随迁幼儿大多数进入的还是条件很差的民办幼儿园。在义务教育方面，20%以上的农民工子女无法入读全日制公办中小学校。在高中教育方面，农民工随迁子女不能参加当地的高考系统，导致农民及随迁子女对教育不公平的申诉越来越多。

另一方面，由于当地的教育资源有限，加之进城农民多育有两个或更多孩子，且大部分随迁子女的幼年期教育水平相对较差，大家共享城市教育资源，也让户籍居民产生不公平感。

依照三元参与模式，政府应积极采取措施在2020年前实现新老居民子女教育机会均等。有条件的企业可出资办转移农业人口子女的补习班（这是发达国家在这一阶段的成功经验）。农业转移人口应积极配合成为新市民，改变自己的生活习惯，把看电视和打牌等游乐时间用于子女教育，消灭城镇学校实际存在的生源二元化。

4. 避免公共服务设施建设压力急剧增加

学校、医院、道路、给排水和住宅等城镇公共服务设施建设是城镇化的必要条件。21世纪以来，我国城镇公共服务设施建设投资，包括征地拆迁费用在内，平均每平方公里已超过30亿元。如果每年转移2000万人（近年平均每年转移近2000万人），每平方公里容纳1万人，那么全国城镇建成区面积每年就需要新增2000平方公里，总投资达6万亿元，相当于2012年全社会固定资产投资总额的20%，其中仅增容基础设施一项，按每个转移人口10万元计就达2万亿元。这样巨大的投资主要由各级地方政府筹措已经越来越困难。

解决这一巨额投入，政府应充分利用民间资本多方筹资，并随着城镇化的发展同步解决这一问题；企业应技术创新、产业升级、更多纳税，为政府提供资金；全体新老市民应把提高自身素质、高效劳动视为自己的义务，人人争当纳税人，而且以当高纳税人为荣。

5. 保证拉动内需

在新型城镇化过程中，用“农业转移人口”这个词是最准确的，农民进城的前提是使从事农业即第一产业的人口转变为第二、第三产业的人口，随之而来的才是居住地点的转移。

在发达国家城镇化初期，农民进城基本是男或女劳力（纺织工）个人进城，而不是全家进城，这一情况持续了约半个世纪。我国 2011 年举家外出农民工 3279 万人，占农民工总人数的 13%，这一比例正在快速增长。举家进城带来了大量的小孩、老人和缺少劳动技能的原留守妇女进城。这有利于减少“空巢老人”、“留守儿童”和“留守妇女”等社会问题，但大大降低了劳动生产率和人均 GDP。

为了解决这一问题，政府应力争 GDP 保持 7%以上的年增长速度；适当控制非劳动人口市民化，原则上农业转移人口不应进入城镇低保人群体；保证在 2020 年以前居民人均收入翻番。企业应技术创新、产业升级，提高劳动效率和利润，逐年增加工人工资。农村转移人口应识大体、顾大局，支持非劳动人口分阶段市民化。

（三）顶层设计的关键之一是土地确权

城镇化是对资源的重新配置，其中最重要的是土地的重新配置，农民失去或部分失去千年赖以生存的土地，得到自由迁徙和在城市中追求幸福的保障。市场在资源配置中起基础作用，因此城镇化以产业发展为基础。但是在社会主义市场经济中，政府不能缺位，要起到宏观调控作用，这一宏观调控就是顶层设计。顶层设计要依法进行，包括在城镇化的过程中完善法规。在调控最关键的土地资源重新配置中，核心是土地确权。

根据国际经验，在城镇化过程中产生了一系列土地所有权问题，欧美和日本土地私有，城镇化过程中的土地配置基本依靠市场进行，但出现的一系列难题也要靠政府依法解决。

对于法律缺位，要尽快制定，做到“有法可依”；对于不适应时代发展的法律应予以修改，在修改之前应广泛征求意见，并在地方试点。应该尊重农民土地财产权，人口转移本着自愿的原则，应该做到一个人只有一个户籍，原则上只有一种拥有权利的身份，但一个家庭的不同成员可以有不同的身份。同时，考虑到城镇化过程中财税等的制度改革，政府、企业和新老居民三方共享利益，共担风险。

（四）总量控制的三条红线

为了减少以至避免发生上述问题，总量控制是顶层设计的核心内容，可以定为三条控制线。

1. 第一条控制线——最终城镇化率不超过70%，2020年城镇化率宜控制在65%以下

城镇化率的控制基于城乡一体化和城乡和谐发展的理念。

从国际城镇化的最终历史来看，与我国具有可比性的已经城镇化的主要发达国家，美国为82%，加拿大为77%，法国为74%，俄罗斯为73%，德国为73%。首先，我国丘陵地区占国土面积比例大，在这些地域不易进行大面积农业机械化耕作，需要较多的农民经营。其次，我国有世界历史上最长的农业文明传统，如果建设好新农村，我国也有比例更大的自愿生活在少污染、近自然的小康农村的群体。所以无论从文化传承，还是从生态理论上讲，我国的最终城镇化率都应低于这些国家。我国应与丘陵占国土面积比例较大和农耕文化历史较长的日本（城镇化率68%）和意大利（城镇化率67%）相近，最终城镇化率应控制在65%～70%的范围。

2. 第二条控制线——城镇化年增长率不应超过2.5%

城镇化年增长率的控制基于城镇化依赖经济发展的理念。

城镇化的发展速度显然受社会、经济和生态等各方面条件的制约，要保证新老居民的生活质量不降低，不能一蹴而就，不能搞大跃进。从国际经验来看，年增长率应低于2.5%，在1990—2009年的世界城镇化过程中，城镇化率起点高于50%的国家除阿尔及利亚外，年增长率都在2.6%以下。

3. 第三条控制线——百万人口以上大城市的居住人口比例宜低于40%

大城市人口控制基于人口均布、充分利用国土的理念。

特大城市规模控制的现实不应回避，最大城市以木桶短板原理控制用水人口不应超过2500万，目前国际上尚无超过2500万人的大城市，接近这一规模的均在设法控制。城镇化要有总体布局，大中小城市和小城镇要合理分工，以小城镇化为主。

国外预测到2030年，我国将有200个百万人口以上的大城市，如果预测准确的话，我国在百万人口以上的大城市中就至少有4亿人，占城市总人口的40%以上，显然偏多。表2－1列出了发达国家完成城镇化的情况。

表2－1　发达国家完成城镇化情况

国　家	城市人口占总人口的比例/%		年均增长率/%	百万以上人口城市居住人口占总人口的比例/%		最大城市人口占城市总人口的比例/%	
	1990年	2009年		1990年	2009年	1990年	2009年
美　国	75	82	1.5	42	45	9	8

续表 2-1

国家	城市人口占总人口的比例/%		年均增长率/%	百万以上人口城市居住人口占总人口的比例/%		最大城市人口占城市总人口的比例/%	
	1990 年	2009 年		1990 年	2009 年	1990 年	2009 年
加拿大	77	81	1.3	40	44	18	20
法 国	74	78	0.8	23	23	22	21
西班牙	75	77	1.0	22	23	15	16
德 国	73	74	0.2	8	8	6	6
俄罗斯	73	73	−0.3	17	18	8	10
意大利	67	68	0.4	19	17	9	8
日 本	63	67	0.5	46	49	42	43

二、总体规划——建立城镇发展的长效机制

无论是新建的城镇，还是扩建的或改造的城镇，在建设和发展的过程中都应制定总体规划，这一规划应本着人文、生态和经济的理念制定，具体办法是把新型城镇化的理念反映在一个科学、合理、全面的指标体系之中。目前，在我国城镇化的过程中已经出现市民要求留下转任市长，担心出现他的宏伟城市建设行动可能会无法延续的情况。这也说明城镇建设必须有一个具前瞻性和延续性的总体规划，不会因人事变动而受影响。

（一）经济指标体系

新型城镇化以经济为基础，以经济发展为动力，所以应有一个指标体系来反映这个理念。

1. 单位土地 GDP 产值

单位土地 GDP 产值指城镇化新增土地总面积与相应的 GDP 产出之比。单位土地 GDP 产值反映单位土地面积上的经济产出水平，是衡量城镇化促进空间集约、生产高效的最重要指标，也是城镇化的目的。

计算公式是

$$单位土地\ GDP\ 产值（万元/公顷）=\frac{土地\ GDP\ 产出（万元）}{土地总面积（公顷）}$$

在城镇化过程中应保证这一指标不降低，新建城镇应与全国城镇平均水平比较。在城镇化初期允许下浮 15%（在统计波动范围内）。

2. 人均 GDP

人均 GDP 指城镇化后居民人均创造的国内生产总值。人均 GDP 是衡量城镇化生产水平的重要指标。

计算公式是

$$人均\ GDP\ 产值（万元/人）=\frac{城镇\ GDP（万元）}{城镇人口（人）}$$

在城镇化过程中应保证人均 GDP 不降低，新建城镇应与全国城镇平均水平比较，在城镇化初期允许下浮 15%。

3. 城镇生产总值年增长率

城镇生产总值年增长率指当年城镇国内生产总值相对于上一年国内生产总值的增值与上一年国内生产总值的百分比。

计算公式是

$$国内生产总值年增长率（\%）=\frac{当年城镇生产总值（万元）-上年度城镇生产总值（万元）}{上年度城镇生产总值（万元）}$$

在城镇化过程中，国内生产总值年增长率大于7%才能保证国内生产总值在2020年翻一番。

4. 单位GDP能耗

单位GDP能耗指在一定时期内，每万元地区生产总值所消耗的能源。它反映了城镇化过程中经济发展方式转变与循环经济实施的状况。

计算公式是

$$单位GDP能耗（吨标煤/万元）=\frac{能耗总量（吨标煤）}{GDP（万元）}$$

这一指标在城镇化的过程中不能升高，新建城镇应与全国城镇平均水平比较。

5. 可再生能源利用率

可再生能源利用率指风能和太阳能等低碳、可再生能源利用量占能源消费总量的比重。它反映了城镇化过程中经济发展方式转变与循环经济实施的状况。

计算公式是

$$可再生能源利用率（\%）=\frac{可再生能源利用量（吨标煤）}{能源消费总量（吨标煤）}$$

这一指标在新型城镇化的过程中不能降低，新建城镇应与全国城镇平均水平比较。

6. 单位GDP新鲜水耗

单位GDP新鲜水耗指新鲜水耗（扣除了循环水利用及再生水

利用的重复计算）总量与GDP的比值，表示节水降耗及水资源利用的效率与效益，它反映了城镇化过程中经济发展方式转变与循环经济实施的状况。

计算公式是

$$\text{单位 GDP 新鲜水耗（立方米/万元）}=\frac{\text{新鲜水耗总量（立方米）}}{\text{国内生产总值（万元）}}$$

这一指标在新型城镇化的过程中不能升高，新建城镇应与全国城镇平均水平比较。

7. 工业水重复利用率

工业水重复利用率指工业重复用水量占工业用水总量的百分比。

工业重复用水量指报告期内企业生产用水中重复再利用的水量，包括循环使用、一水多用和串级使用的水量（含经处理后的回用量）。

工业用水总量指报告期内企业厂区内用于生产和生活的水量，等于工业用新鲜水量与工业重复用水量之和。它反映了城镇化过程中经济发展方式转变与循环经济实施的状况。

计算公式是

$$\text{工业水重复利用率（\%）}=\frac{\text{工业重复用水量（立方米）}}{\text{工业用水总量（立方米）}}$$

这一指标在新型城镇化的过程中不能降低，新建城镇应与全国城镇平均水平比较。

8. 再生水回用率

再生水回用率指各种排水经处理后，达到规定的水质标准，在一定范围内重复使用的非饮用水。它反映了城镇化过程中经济发展方式转变与循环经济实施的状况。

计算公式是

$$再生水回用率（\%）=\frac{再生水使用量（万吨）}{城镇用水总量（万吨）}\times 100\%$$

这一指标在新型城镇化的过程中不能降低，新建城镇应与全国城镇平均水平比较。

9. 单位GDP的CO_2排放量

单位GDP的CO_2排放量指城镇单位国内生产总值对大气的CO_2排放量。

计算公式是

$$单位GDP的CO_2排放量（吨/万元）=\frac{城镇CO_2排放量（吨）}{城镇GDP（万元）}$$

目前，CO_2的大量排放是造成严重温室效应的主要原因，破坏了大气生态系统，因此，应减少化石燃料煤和石油的使用量，并对排气加以处理，修复大气生态系统。

（二）生态指标体系

新型城镇化要以地区生态承载力为条件，建设美丽、宜居和生态城镇，也要以一个指标体系来反映这个理念。

1992年笔者在联合国教科文组织任职时，主持以46个国家的852个案例的统计平均值建立新丰水、缺水标准，如表2－2所列。新标准代替了原来国际上流行的粗线条的“弗肯马克指标”。

同时还创建了环境生态需水指标，如表2－3所列。

此外，还创建了河流用水应低于年径流量40%的标准，以及跨流域调水应低于河径流量的20%以维系水环境的取水和调水工程标准。以上标准已被法、意和越南等多国引用。

表 2-2　新丰水、缺水标准

水资源量/（立方米/人）	标　准
＞3000	丰水
3000～2000	轻度缺水
2000～1000	中度缺水
1000～500	重度缺水
300～500	极度缺水
300	维系可持续发展的最低标准

表 2-3　环境生态需水指标

地表径流深/毫米	指　标
＞250	维系较好的森林植被
150～250	维系乔灌草植被
50～150	维系草原植被
50 以下	半荒漠、荒漠生态系统

这些标准和指标引入国内后，温家宝总理于 1999 年 4 月批示“各地各部门参阅”，并已在水工程界广泛应用。2009 年笔者以“复合型水环境工程的开拓者、标准的制定者”为主业绩之一当选瑞典皇家工程科学院外籍院士。

在新型城镇化过程中，城镇应达到维系可持续发展的最低水标准，这更是绿色城市的最低水标准。如果需要调水，则也应以上述标准考虑调出地域的城镇化问题。

1. 污水处理率

污水处理率指工业废水和生活污水达标排放后处理的比例。

计算公式是

$$污水处理率（\%）=\frac{工业废水处理量（万吨）+生活污水处理量（万吨）}{污水排放总量（万吨）}$$

城镇污水处理率是城镇维系水环境的首要标准，在城镇化过程中，这一指标不能降低，新建城镇应与全国城镇平均水平比较。

2. 工业固体废物综合利用率

工业固体废物综合利用率指城镇工业固体废物综合利用量（包括综合利用往年的储存量）占工业固体废物产生量的百分率。

工业固体废物综合利用量指报告期内城镇及企业通过回收、加工、循环、交换等方式，从固体废物中提取或者使其转化为可以利用的资源、能源和其他原材料的固体废物量（包括当年利用往年的工业固体废物储存量），如用于发电、农业肥料、生产建筑材料和筑路等。它反映了城镇化过程中经济发展方式转变与维系居民生存环境能力的状况。

计算公式是

$$工业固体废物综合利用率（\%）=\frac{工业固体废物综合利用量（吨）}{工业固体废物产生量（吨）+综合利用往年储存量（吨）}$$

这一指标在新型城镇化的过程中不能降低，新建城镇应与全国城镇平均水平比较。

3. 生活垃圾处理率

生活垃圾处理率指城镇内生活垃圾处理量占城镇生活垃圾产生总量的比例。它反映了城镇化过程中维系居民生存环境能力的状况。

计算公式是

$$生产垃圾处理率（\%）=\frac{城镇生活垃圾处理量（吨）}{城镇生活垃圾产生总量（吨）}$$

这一指标在新型城镇化的过程中不能降低，新建城镇应与全国城镇平均水平比较。

4. 生活垃圾综合利用率

生活垃圾综合利用率指城镇生活垃圾综合利用量占城镇生活垃圾产生总量的比例。它反映了城镇化过程中循环经济实施的状况。

计算公式是

$$生活垃圾综合利用率（\%）=\frac{生活垃圾综合利用量（吨）}{生活垃圾产生总量（吨）}$$

这一指标在新型城镇化的过程中不能降低，新建城镇应与全国城镇平均水平比较。

5. 人均绿地

人均绿地指城镇规划区内绿地面积与人口数量之比。

计算公式是

$$人均绿地（平方米/人）=\frac{城镇绿地面积（平方米）}{城镇规划区人口数量（人）}$$

约束性指标是 15～50 平方米/人。在城镇化过程中这一指标不应降低，以保证居民的宜居环境。

6. 林木覆盖率

林木覆盖率指城镇林木面积占区域土地总面积的百分比。

计算公式是

$$林木覆盖率（\%）=\frac{城镇林木面积（平方米）}{城镇区域土地总面积（平方米）}$$

约束性指标是大于25%。在城镇化过程中这一指标不应降低，以保证居民的宜居环境。

7. 人均水面面积

人均水面面积指城镇规划区水面面积与人口数量之比，不包括远郊的湖、河与湿地。其中，河流——流动水面的生态效益更高，一般可以乘以4～6的生态系数。城镇人均水面面积应力争达到10平方米/人，这样可以减小城镇热岛效应和空气污浊度。

计算公式是

$$\text{人均水面面积（平方米/人）}=\frac{\text{城外规划区或紧邻地区水面面积（平方米）}}{\text{城镇所在区域人口数量（人）}}$$

约束性指标是大于10平方米/人。在城镇化过程中这一指标不应降低，以保证居民的宜居环境。

8. 地下水埋深——生态系统状况指数

地下水埋深即地下水最上层与地表的距离，是生态系统维系和修复的第一指标。城镇扩大和新建往往大量抽取地下水，但只有保持地下水位不降低才能保证植被常绿、河流不断流、湖泊不萎缩、湿地不干涸。

约束性指标是在城镇化过程中使区域地下水埋深（单位：米）不再降低，并逐步恢复到20世纪70年代末的水平。这是城镇生态承载力的首要保证。

9. 大气中可吸入颗粒物水平

可吸入颗粒物指悬浮在空气中，空气动力学当量直径小于或等于10微米的颗粒物。尽管大气中的吸入颗粒物水平主要取决于区域大气环流，但本地区的排放仍有巨大影响，因此要在城镇化的过程中监测可吸入颗粒物，不应高于区域原水平。

约束性指标是空气中可吸入颗粒物平均浓度值应低于 0.10 毫克/立方米，以保证新老居民的健康。

（三）人文指标体系

新型城镇化以人为本，进城农民不仅只是户籍的变迁，其真正的市民化应由下述指标反映。

1. 新居民收入

农业转移人口取得城镇户籍后，原则上均应就业，其收入在原则上应大于城镇户籍居民平均收入的 1/2。

新居民家庭原则上不应进入享受低保行列，城镇化不能形成把农村低保居民转为城镇低保居民的局面。

2. 城镇居民失业率不应增加

新城镇化过程中的城镇失业率不应增加，新建城镇失业率应低于国家平均水平。

约束性指标是小于 4%。

3. 城镇基尼系数

基尼系数用于测算城镇居民收入在个人或家庭之间的分配现状偏离完全平均分配的程度。

计算公式是

$$基尼系数=1-\frac{20\%最低收入家庭年收入}{20\%最高收入家庭年收入}$$

基尼系数为0表示完全平均，为1表示最不平均。联合国有关组织规定：若低于0.2表示收入高度平均；0.2～0.3表示比较平均；0.3～0.4表示相对合理；0.4～0.5表示收入差距较大；0.5～0.6表示收入差距很大；0.6以上表示收入差距悬殊。

约束性指标是0.4～0.5。

在城镇化过程中的基尼系数不应升高，而是逐步降低。

4. 在3～5年内城镇居民受教育年限应恢复到原有水平以上

农业人口转移可能带来城镇居民受教育年限的降低。应大力搞好新居民职业培训和新居民子女入学，根据具体情况，在3～5年内使城镇居民受教育年限恢复到原有水平。

5. 城镇人均居住面积

城镇人均居住面积是新型城镇化的重要指标，在城镇化的过程中应保证在3～5年内使人均居住面积恢复到原有水平。

6. 城镇人均道路

城镇人均道路指在城镇地域内人均道路的里程。

计算公式是

$$\text{城镇人均道路长度（米/人）}=\frac{\text{城镇地域道路总长（单向一车道标准道路，宽 2.5 米以上）（米）}}{\text{城镇居民总数（人）}}$$

在城镇化过程中，应保证城镇人均道路长度不降低，使城镇不变得更拥堵，以保证新老居民的利益。

7. 城镇千人口拥有医院床位数

城镇居民每千人口拥有合格医院的床位数，是城市医疗水平的保证，城镇化过程中应保证其降低不超过15%，且在3～5年内恢复到原有水平。

8. 控制房价

在城镇化过程中应以房价指数控制过高房价，消除城镇化的障碍。

计算公式是

$$\text{房价指数（元/平方米）}=\frac{\text{人月平均工资}\times 120\text{（元）}}{60\text{平方米（标准户型）}}$$

上述房价指数在许多发达国家城市中采用，即城市中的房价应控制到以中等收入家庭的1个人收入买房，积累10年一般应能购得一套近郊区的（鉴于国外城镇无远郊区，我国以近郊区为标准）低标准住房来度量。

按以人为本的原则，建房是给居民住的，如果1个居民工作10年的总工资还买不到一套低标准住房，那么房价显然有悖于以人为本的原则，政府必须加以调控。

如果农业转移人口都住进廉租房和保障房，也显然有悖于城镇化的市场驱动原理和扩内需动力的目的。

以上指标体系包括经济、生态和人文三大方面，在总体规划中均应提出在全国平均水平左右的、因地制宜的约束性指标。只有这样，才能基本保证新型城镇化的质与量并重，积极、稳妥、有序、健康地发展。达不到指标要求的城镇应放慢城镇化的速度，保证质量；超过指标的城镇可适当加快速度，但以省市区计，原则上也不宜超过2.5%的城镇化年增长率。

三、路线图——变外延发展为内源发展

新型城镇化就是经济发展道路的改变，也是城镇发展路线的改变，也即经济发展模式的转变、城镇发展模式的转变。

（一）城区外延、人口增加的城镇化老模式

目前，我国城镇化中有两种模式应当改变。

1. “摊大饼”模式

一种是俗称的“摊大饼”模式，即在老城区的四周以行政命令—征地拆迁—房地产开发—农民上楼的模式发展。

这种城镇化发展模式属于比较盲目的物理扩张，不断把城市外延，事先没有考虑需要什么样的产业和让什么样的市民进来，其不良后果自然是比较严重的。在英国工业革命初期也发生了“圈地运动”，政府和企业没有事先的规划，为了发展牧业和工业过量圈地变为牧场和延伸城市，造成了严重的后果。

2. 办“园区”模式

另一种是办“园区”模式，即在城区周边建一个个各类开发区、园区，以政府划地—基建投资—七通一平—招商引资的模式发展。

这种城镇化发展模式虽然目的性较强，但没有结合实际情况，因为事先不知道有没有企业与人才会进来，是一厢情愿，本末倒置，所以仍是一种物理扩张、外延发展。目前大量的园区一片荒

草，或者有房无业，造成了严重的浪费。

发达国家在工业化的初期和计划经济国家都曾经发生过类似的城镇化现象，但今天在发展中国家，这种路线的城镇化已经比较少见。

(二) 城镇化老模式的弊端与后遗症

目前，城镇化中的征地拆迁—房地产开发—农民上楼和划地建园区—政府投资—七通一平—招商引资的模式普遍存在，这两种物理外延的模式盲目粗放，产生的问题很多，后遗症很大。任何一个有历史意义的行动绝不能只看其最后的结果，一定也要看过程，否则就无法说明为什么不采取其他方式。

1. 以人为本，充分了解农民、理解农民

2000 年笔者任全国节水办公室常务副主任、水利部水资源司司长期间，为了解决北京供水问题，主持制定的《21 世纪初期首都水资源可持续利用规划（2001—2005）》经国务院总理办公会通过，2001 年国函 53 号文批准后，担任规划实施协调小组常务副组长负责实施。为了保证上游承德对北京的供水，规划规定河北承德地区压缩大量耗水（平均 1700 吨水种 1 亩水稻）的水稻种植面积，国家给予较大资金支持，转产节水作物。当时在笔者看来，这是一个充分考虑农民利益的规划：

① 笔者本人参与联系北京公司转种冬枣、板蓝根等作物，不但大量节水，而且还保证作物的销路，提高农民收益。

② 规划规定政府给予资金支持。

③ 大大减轻农民的劳动量，尤其是避免了妇女在春初于冰水中

插秧，大量减少了妇科病。

在大力宣传的基础上，笔者在农村进行了深入调研。一次，一位农民对笔者说："我们都明白了为什么要改种，是件好事，但思想上还是转不过弯来，您别不高兴，我能说说吗?"他继续说："我们世世代代种水稻，而且是贡米，对它有感情了，我们也不会种别的。"实际上承德种水稻不到百年，只四代人的时间，但是我理解他。转产一种作物尚且如此，让农民离开千年耕种的土地，是必须理解农民的感受的，所以要真正"以人为本"。

2. 老模式的后遗症

"摊大饼"和办"园区"这两种城镇化模式都是有其后遗症的。

(1) 不符合"可持续发展"的原则

在科学发展观指导下的新型城镇化首先要可持续发展，而国际创意"可持续发展"的基本原则是"当代要留给下一代不少于自己的资源"，政府应遵循这一原则，而征地、卖地显然不符合这一原则。以现在许多地方的征地速度，下两届政府就会难以为继。

(2) 造成人力、物力和财力的巨大浪费

无论从历史上还是国际上来看，成功的城镇化都是以产业发展为基础，以市场为驱动力的。即便是卖地，买主也是产业，产业有多大发展，需要多少厂房，需要招多少工人住房，就卖多少地。主体不应是房地产开发商，他们只应起中介作用。否则就造成买地闲置、盖烂尾楼或者操纵房价使产业和居民都买不起房等一系列发达国家少见的怪现象。

征地使农民失去了土地，造成了劳动力的闲置，而征得的土地又没有被利用造成了荒芜，征地的购买和补偿用去了大量资金而没

有产生经济效益，造成了人力、物力和财力的巨大浪费。

(3) 影响社会稳定

对于被征地农民来说，离开了千年赖以为生的土地，无论如何是一个痛苦的过程。其中分成两种情况：一种是住上了楼房，得到了些微补偿，但失了业，或者表面有个工作，实际上是隐形失业，自然造成严重的社会问题。另一种是住上了楼房，甚至有多套，得到了成百上千万元的补偿，成为了“被暴发户”，这在大城市近郊屡见不鲜，但在国际上十分少见。这些人衣食无忧，但由于缺乏技能，从劳动者变成了有闲阶层，从根本上说，制造这个群体有悖于我们城镇化的目的。现在，这个群体中发生家庭财产纠纷不断、世代和睦之家破裂，以至奢侈浪费、赌博涉黄的现象已不少见，而且他们的下一代不少人也受到影响。应该说这不是他们的本意，他们本人只负部分责任。

强征还引起农民反抗，出现“钉子户”，甚至酿成惨剧。

(4) 是滋生腐败的温床

由于基本上不是市场行为，因此征谁的地，征多少地，以及购买与补偿的标准全凭各级官员来定，这就难以避免地促成了十分严重的受贿和贪污行为。

对于征地的补偿，在宅基地的丈量、住房性质的确定、住房面积的计算和单位面积的价格确定等多方面都尚无法规约束。因此，难以把这种巨大的“权力关进笼子里”，征地已成为从最基层的土地丈量公务员到各级官员滋生腐败的沃土。

(5) 政策跳跃留下后遗症

征地的补偿数额（包括房屋）在最近10年左右在同一地区就增加了10倍以上以至百倍，远远超过这一时期的通货膨胀，使得政策落差极大，造成对前后被征地农民的极大的不公平。前苏联巨变的事实证明，这种政策的跳跃也是隐患。

我们必须十分重视后遗症问题，因为这不是新问题，而是发达国家工业化过程中发生过的问题，大家都看过英、法、美等国著名作家写的大量小说和剧本，其中已经把这一幕活生生地呈现在我们的面前，因此我们既没有必要，更不应该放任这一幕重现。

（三）导向新型城镇化可持续发展模式的路线图

新型城镇化应有创新模式的路线图，可用图 2－1 表示。

从图 2－1 可以看出新型城镇化的发展路线与“征地”发展路线的本质不同。

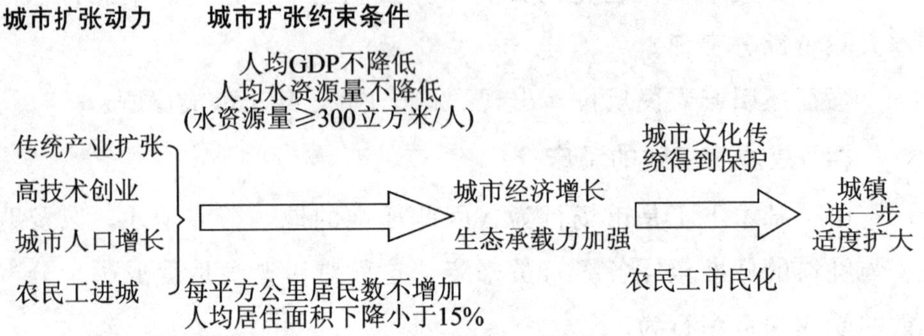

图 2－1　新型城镇化模式路线图

1. 变政府拉动为产业推动，使城镇健康发展

前面已经论述，城镇建设的原始动力来自经济需求——或进行贸易或发展生产。由政府的行政规划和命令建设的城镇只是个例，如历史上的北京和华盛顿，当代巴西的巴西利亚、巴基斯坦的伊斯兰堡和哈萨克的阿斯塔纳等，而且多是首都。

我国的新型城镇化无疑应该以产业的扩张和兴起为推动力，而不是政府的规划和命令。

产业的推动力一类体现在传统产业的扩张，如建设了年产百万吨级的大型钢铁厂，周围自然形成城镇；另一类体现在高技术的产业化和新型产业的崛起，耳熟能详的是“硅谷”，把本来是果园的农业“果谷”，变成了高技术新兴产业的“硅谷”。我国北京中关村的科学院和大学的科技人员创业，把原来的海淀镇大大扩展也属于这一类型。自然形成的科技园区和开发区是城市生长的健康新细胞。

2. 积极稳妥促进农业转移人口市民化

城市人口增长自然使城市扩张，这不但是历史上，也是今天城市扩张的重要原因。但是在今天，大多数国家的生育率降低，发展中国家城市的生育率也明显降低，所以城市人口的自然增长已经不是城市扩张的主要原因。

与此相反，由于大城市出现物价贵、交通阻塞和大气污染等问题，在发达国家，大城市居民从城市中心外迁已经成为趋势，如纽约、伦敦和巴黎，城市人口已经在几十年的稳定后变为减少。

农业人口向城市转移是历史发展的必然过程，也是工业化的必然过程，但是这一过程的模式不是政府拉动，而是产业推动的。

农村人口转移到城市而且市民化，是一个非常复杂的问题，在近代史上，发达国家进行这一过程出现了很多问题，花了近一个世纪的时间。我们一定不能掉以轻心，要吸取历史教训，借鉴历史经验，科学分析，认真对待，首先解决已在城市中的农民工市民化的问题，在解决他们的问题时，要区别类型，做到积极稳妥。

(1) 老一代农民工市民化

老一代农民工现已超过50岁，大多已结婚生子，一般在城市打工已超过10年，成为所在城市的常住人口。他们一般在农村生活过，从事过农业生产，还有土地。

对于这类农民工应加以引导，充分尊重他们自己的选择，或返乡务农创业，或成为市民，但留在城市应有一定门槛：

① 有固定工作，有能力租住人均不低于5平方米的住所。这是发达国家工业革命初期所定的进入城市的门槛，我们今天应有能力做到。

② 夫妻至少有1人具有连续在同一座城市的单位工作3～5年（表现好）的经历，因为继续游走不但对城市发展不利，而且对他们自己的家庭也不利。

③ 除特殊情况外，不应有2个以上的子女。

④ 将父母迁入的农民工应要求其有抚养能力（包括应缴纳各种保险）。

(2) 新生代农民工市民化

新生代农民工指出生于20世纪80年代以后，年龄在16岁以上，在异地以非农就业为主，并从业6个月及以上的农业户籍人口。据调查统计，新生代农民工已占农民工总数的58.4%，超过1亿人。"新生代农民工"既包括从小在农村长大的青年劳动力，也包含"首代农民工"夫妇在城市生育的达到就业年龄的青年劳动人口。他们中的不少人在城市打工异常艰辛，收入不高，居无定所，但返回农村务农的可能性又很小，形成"旅游式打工"的一股游动大军，创造的剩余价值很低，形不成人口红利。形成这种状况的责任并不在他们本身，要具体分析原因。

美国在 20 世纪 60—80 年代出现过性质不同，但有许多共同点的类似问题。笔者在 20 世纪 70 年代末到美国时亲历了这种情况。美国采取了多种办法，其中不乏巨额投入和制度变革，有些办法在理论上可行，但实际效果不佳，反反复复、磕磕绊绊，花了 30 年的时间，在 21 世纪初才基本得到解决，这一教训是我们必须吸取的。新生代农民工市民化的路线图如图 2－2 所示。

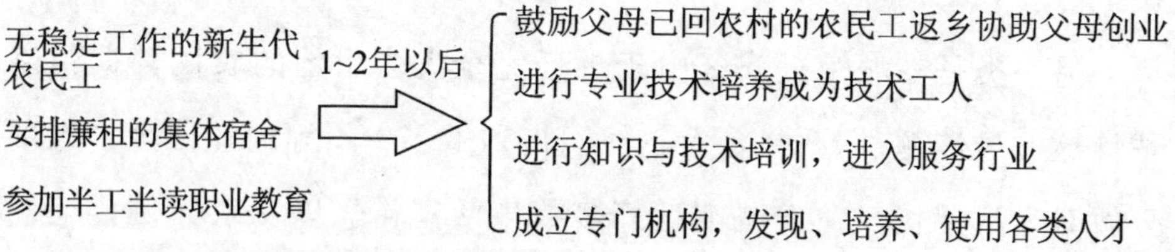

图 2－2　新生代农民工市民化路线图

由图 2－2 可见：

① 新生代农民工多是上一代农民工的子女，鼓励上一代已回农村的新生代农民工回到农村创业，并给以各种补助和支持。

② 由政府投入实行半工半读的职业技能培训和创业培训（包括提供午餐）。可以与企业挂钩，根据企业对技术工人的实际需求，由企业提供资金支持，进行针对性更强的定向职业技能培训。

③ 目前，各大中城市的中小餐饮、小零售、理发、修理和蔬菜等各类街头服务行业基本由老一代农民工经营，层次较低，对提升服务水平和提高城镇档次均不利。应鼓励新生代农民工经过培训后接班，把这些行业变成全市广大居民可以接受的服务行业，同时也使自己市民化。

④ 新生代农民工中肯定不乏人才，包括技术、文学和艺术人才，但他们机会较少，应成立专门机构发现、培养、选用这些人才，使之成长。

(3) 其他类型农民工市民化

其他农业转移人口以失地农民和缺水贫困农民为主。

1) 失去土地的农民

失地农民有两类。一类是在远离城镇的农村中因为各种原因失去土地的农民，这类农民总量不大，相当部分在城里打工，属于农民工。

另一类是在城镇近郊区由于拆迁完全失去土地的农民，据粗略估计这一群体超过2000万人。他们得到了多少不等的补偿金，大部分暂时生活无忧，在大城市近郊多数生活富裕。以北京为例，他们得到的补偿金在百万元之上（还不包括补偿的房产），已经属于富裕的阶层。但仍存在十分严重的问题：一般情况下是祖孙三代依靠这些资产，不少人坐吃山空；许多大中城市近郊无地农民只能选择在宅基地上尽可能多地盖房出租给农民工，并以此为业，形成了城中村，政府为了整顿市容，为此付出了高昂的代价。

应该说失地农民本身并没有责任，也不是全部存在上述问题，但这种现象普遍存在，是不能回避的社会现实。城市应对中年失地农民及其子女予以特殊就业照顾，没有城市户口的应尽快按条件市民化。

2) 农村贫困缺水人口

目前，我国农村得不到基本合格的饮用水或用水极端短缺的人至少还有3000万，另外，还有其他一些基本不满足生存的基本生态条件的农民，其中一部分符合市民化条件的，可以考虑作为农业转移人口，使之市民化来解决问题。

3. 城镇文化发展路线图——保持历史传承，发展文化特色

城镇发展除经济发展之外，最重要的是文化发展。城镇化以人为本，而历史和文化是人类的根本，所以城镇的建设和发展，应该从一开始就注重不要形成“百城一貌，千镇一面”，要保证自己的历史传承，发展自己的文化特色。

笔者到过的欧洲城镇大多有自己的文化积淀，许多都是在第二次世界大战的废墟中依原图纸，尽可能找原材料复建的，致使过了半个世纪之后，连笔者这样的半专业人士，粗看都认为是原物。不但城市，连小镇都保持了原有特色，柏林周边和巴黎北部的小镇都是在第二次世界大战的废墟中重建的，但都没建成现代式的，而是保留了历史的特色，使得各国旅游者觉得每个街区都各有特色，流连忘返，每条小巷都各不相同，喜欢重游。

反观我国的小城镇，至21世纪初还在进行拆除老城区，盖成千篇一律欧式居民楼的文化扫荡。在20世纪50年代，北京周边的每个县城都是一座有城墙的小城，各具特色，笔者游览了大部分，觉得每一个都像一颗珠宝，让人回味，可惜至今只剩下宛平城。出北京德胜门至承德避暑山庄220公里的路程，原有六个皇帝去避暑山庄的行宫，每个行宫周边自然形成一个小镇，至今行宫已荡然无存，小镇也丧失了文化特色。笔者为了考察北京水源多次往返，每次都嗟叹不已。

因此，我们在进行城市建设，尤其是小城镇建设时，应该有一个文化建设路线图，如图2-3所示。

文化资源是一个城市的灵魂，也是一个城市可循环利用的资源，所以应大力保护、充分利用，并且最终要筑成网络。文化网络

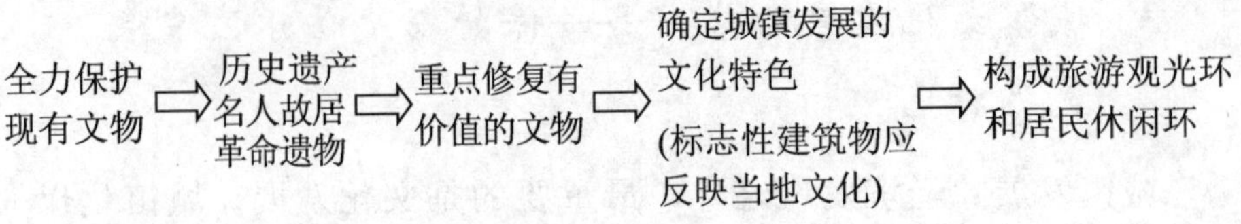

图 2－3　新型城镇化文化建设路线图

的建设多种多样，可以是一条街，如北京琉璃厂的文化街；可以是一个区域，如巴黎的拉丁文化区；还可以是沿历史轨迹的一个环，如北京从故宫、北海到圆明园、颐和园构成的“清史环”，沿环重点恢复一些历史遗迹，使文化资源整体升值，大力发展旅游这种循环产业。

4. 城镇生态建设路线图

笔者在欧洲考察城镇时看到，不仅是城市，就连小镇都几乎个个郁郁葱葱，安静清幽，创造了宜居的环境，因此不仅居民乐于聚居于乡间，大部分城市居民也都依托小镇建了乡间别墅，那些工作时间比较自主的人在别墅中居住的时间甚至超过了在城里的时间，不仅自身享受了更好的自然环境，也大大减轻了城市中的拥挤和污染排放。

城镇的生态建设路线图如图 2－4 所示。

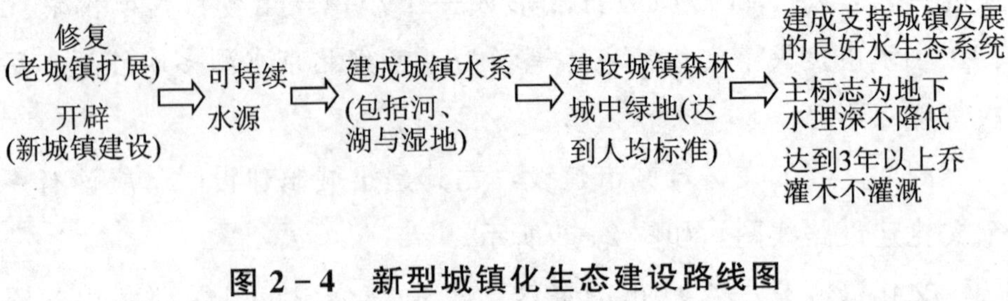

图 2－4　新型城镇化生态建设路线图

针对生态建设路线图说明如下。

(1) 以水定城

无论是城镇扩建还是新建，城镇必须具备在其所在流域内有至少可持续利用20年而不需跨流域调水的水源，否则就应改至符合条件的地域。城镇也不能依河而建，必须保护自然河流，留出蓄滞洪区可作为河滨公园、高尔夫球场和草地足球场。城镇临河而建，再修堤防洪，这种破坏健康河流的城建模式不符合生态理念，早已过时。

(2) 建成城镇水系

应建设由河流、湖泊、水库和湿地构成的水系，这样不仅可以保证城镇用水，而且可以保证城镇的宜居环境。使人均水面面积达到标准，流动水面应乘以生态系数。人工湿地建设必须符合科学标准，而不是积一片水，要达到生态效率，提高水资源利用率。

(3) 建设城镇绿网

无论是大城或小镇都应建设防护林带和绿地，以挡防风沙，含蓄水源，吸收 CO_2，阻止微尘扩散，减低城市温室效应。维护建设距城镇较远的森林，根据距离确定其对城镇的生态影响系数，以此作为城市防护林和绿地的补充。应制定法规保护城镇防护林和绿地不受侵占。

5. 小城镇建设路线图

目前，我国已有张家港、昆山、石狮、义乌和嵊州等众多自然形成、充满活力的小城镇，小城镇的扩大和新小城镇的产生，应本着“三自”的原则：自然形成—自主发展—自我完善。做到“六化”：生产专业化、经济集约化、环境生态化、城建特色化、社会知识化和城镇循环化。

小城镇建设发展可形成如图 2－5 所示的路线图。

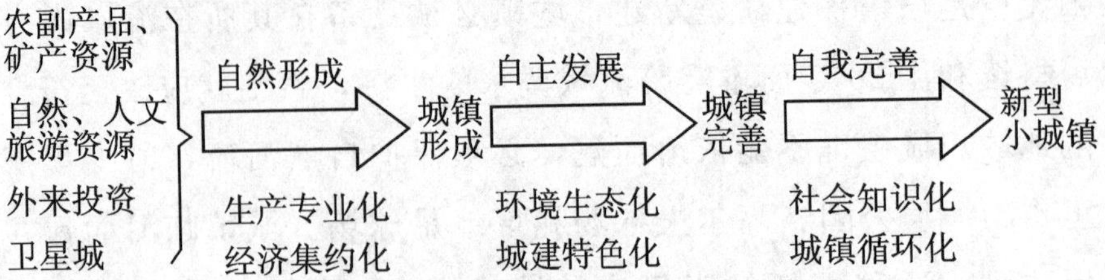

图 2－5　新型城镇化小城镇建设发展路线图

四、时间表

新型城镇化是一项巨大的社会发展系统工程，而且是历史上前所未有规模的复杂巨系统工程，不能一蹴而就，任何“大跃进”都会带来严重后果。因此要制定科学的时间表，使新型城镇化积极稳妥、循序渐进地进行。

（一）城镇化的阶段

从国际城镇化的历史来看，城镇化随工业经济的发展大致分为三个阶段，这三个阶段也完全符合我国的实际情况。

1. 乡村包围城市的城镇化初期阶段

在初期阶段，城镇化率在 30％以下，人均 GDP 低于 5000 美元，城镇化年速率在 1％以下。在这一阶段，从经济上看，存在城市工业化的大生产和农村的小农经济；从社会上看，乡村包围城市，出现了城乡二元化结构，造成城乡的巨大差别。

2. 城镇化加速的中期阶段

在中期阶段，城镇化率达到50%以上，人均GDP在5000美元至15000美元之间，农民大量进入城市，城镇化速度加快，年城镇化率达到1.5%～2.5%。出现城市中的二元结构，贫富悬殊增大，超大城市弊病出现。在这一阶段，目前世界各国的经验总结都是城镇化必须由政府引导，积极、稳妥、健康地发展，要质、量并重，以顶层设计的方式，尽可能少走弯路。

3. 城镇化的完成阶段

城镇化完成阶段的城镇化率在65%～90%，如日本是67%，英国是90%，人均GDP在15000美元以上。从科学上讲，65%的比率已经是2/3，已经达到“化”的标准。在65%～90%这一个大区间内，不能简单盲从搞过度城镇化，要依以下因素确定：

(1) 国家的历史传统和广大公民的长远需求

如英国，由于历史的原因，城镇化率达到90%。在大多数国家的城镇化初期，农民几乎都想进城，但这只是在农村贫困落后这一暂时阶段的统计，并不能反映出长远需求。

(2) 国家的地形条件

如果国家丘陵地区的比例大，农业不易大机械化操作，就需要有更多的农民来保证粮食生产和农业发展。如日本的城镇化率为67%，意大利的为68%。

(3) 国家的生态条件

在极度干旱的国家，由于需要集中供水，所以城镇化率就较高，如沙特阿拉伯达到82%。在高寒地区，因生态系统脆弱，为了尽可能减少破坏，城镇化率也较高，如加拿大达到81%。

(二) 城镇化年增长率的控制

从国际经验和我国的具体情况来看，我国城镇化速度在所有省市区的年增长率均应低于 2.5%。我国近 10 年来城镇化的速度如表 2-4 所列。

表 2-4 我国近 10 年的城镇化率

年 份	2003	2004	2005	2006	2007	2008	2009	2010	2011	2012	10 年平均
城镇化率/%	40.5	41.8	43.0	44.3	45.9	47.0	48.3	49.9	51.3	52.6	—
城镇化年增长率/%	1.4	1.3	1.2	1.3	1.6	1.1	1.3	1.6	1.4	1.4	1.35

从表 2-4 可以看出，10 年来我国城镇化年增长率平均为 1.35%，近年为 1.43%，城镇化有加快的趋势。

从国际上看，一些与我国具有可比性的发展中国家，近 20 年的城镇化情况如表 2-5 所列。

据笔者的实地考察，印度、南非和伊朗都因人口增长率较高、人均 GDP 较低，而城镇化速度又较快，因而产生的城镇化问题比较严重。

因此，我国鉴于人口增长率较低，而人均 GDP 已较高，具备了较快城镇化的条件，在 2020 年以前城镇化率应控制在 2.0%～2.5%，任何省区市都不应超过 2.5%，只有这样才能做到积极、稳妥、渐进、可持续发展的城镇化。在 2020 年以前，城镇化率应控制在 65%以下，到 2030 年完成城镇化，城镇化率也应控制在 70%以下。

表 2-5 一些国家近 20 年的城镇化情况

国 家	城市人口占总人口的比例/%		年均增长比例/%
	1990 年	2009 年	1990 年
墨西哥	71	78	1.8
土耳其	59	69	2.3
伊 朗	56	69	2.6
乌克兰	67	68	-0.5
波 兰	61	61	0.0
南 非	52	61	2.6
印 度	26	30	2.4
泰 国	29	34	1.7

(三) 农民工市民化的总量控制

目前，我国已有 1.6 亿在本乡镇以外地方打工的农民工，农业转移人口的市民化应首先考虑这个群体。应制定时间表逐步实现对他们的基本公共服务覆盖；覆盖面可年年递增，其数量控制应由政府制定的相关政策的实施来调节：

① 新型城镇化的重要目的是提高生产效率，拉动内需，因此，年城镇农业转移人口市民化的数量应以此为依据控制，即保证城镇人均 GDP 的年增长不低于 7%，只有这样才能达到 2020 年人均收入倍增的目标。

② 对于人均水资源量低于 500 立方米/人的极度缺水城镇，尤其是低于 300 立方米/人可持续发展最低标准的城镇，农业转移人口市民化的数量应保证人均水资源量不进一步降低。国际标准的人均

水资源量是生活、生产和生态“三生”的基本保证，否则建设绿色城市、美丽城市和生态城市都将成为一句空话，新老居民都将生活在饮用水更不安全、居住环境更为恶化的城镇中，这显然不是他们的希望。

③ 城镇贫困人口不能增加。如果实际上把农村贫困人口转移为城市贫困人口，即便农村贫困人口进城从人均收入数字上看有所改善，也不是新型城镇化的目的，反而更增加了扶贫成本。对于农业转移人口来说，物质生活的综合水平得不到多大改善，而精神生活反而又增加了巨大压力。目前，已超过50岁的第一代农民工总数有3600万，占农民工的14%，他们的抚养人口指数高，不少人上有老，下有2～3个孩子，因此，更应加强控制年龄大的农民工市民化，更好的办法是国家规划城镇地对地支援这些农民工返乡务农创业。

④ 城镇农业转移人口市民化的数量应保证城镇的人均道路、人均绿地、人均病床数和城镇学校等各种基础设施的保证率不降低，即基础设施的发展应与农民工市民化同步，使城镇可持续发展。

⑤ 农民工市民化的目标就是使之享受与市民平等的城市福利，所以农业转移人口的数量应取决于城镇保证新市民与老市民享有基本同等福利的能力。

(四) 农业转移人口的准入条件

目前，以农民工市民化为主的总量控制时间表的执行，要以市民化的准入条件为依据，才能切实执行。这里的关键问题是户籍。

有人说，发达国家的城市没有“户口制度”，这是一种误解。如果没有“户口”，那么城市的人均GDP、人均住房和人均收入等一系列统计数字是从哪里来的？城市的议会选举又是如何进行的呢？实际上，有的国家和有的城市可能没有“户口簿”，而以银行账户、住户登记或驾驶执照等替代。发达国家对城市人口的控制是很严格的，也是有准入条件的。

参照国际经验，结合我国的实际情况，农业转移人口市民化可拟如下准入条件，其原则是“以人为本”。

1. 有连续2年以上的合法住处

如果农民工在城市常住，但流离失所或不断搬迁，那么他实际上生活得比在农村更不幸福。如果有人要转为市民，政府的责任是予以政策引导。市民化后，其住处可能不如农村，但要保证健康生活的底线。巴黎有关市民居住的规定是不得小于8平方米的非地下室，且具有卫生设施（公用也有人数限制），要连续居住3年才有选举权（起码的市民权）。北京也有过人均不小于6平方米的非地下室的居住规定。

2. 有连续3年以上的正式工作，其中在一个单位不得少于2年

所谓正式工作就是有社会保险、拿最低工资以上的薪酬。如果达不到这个最低标准，从居住条件、生活水平、子女教育、老人抚养和社会保障的综合条件来看，农民工的生活比在农村更不幸福。对于农民工由于各种原因的短期行为，政府应予以政策引导，不宜使其短期行为决定其个人及家庭的终身大事。

3. 家庭人均收入高者和纳税者优先

农民工不仅有市民化的权利，也应尽市民的义务，否则对于户籍居民也是一种不公平。市民即公民的第一义务是守法，第二义务

是纳税。但是，如果都是只守法而不纳税，政府就无法存在，也就无所谓国家，国防、税收和治安是国家最基本的职能。因此，要鼓励居民多纳税，新居民也不例外。只有新居民的劳动生产率不低于老居民的最低水平，2020 年 GDP 翻番的规划才能实现；只有新居民的收入不低于老居民的最低水平，市民收入才能翻番。

五、大力发展中小城市和小城镇

小城镇化是新型城镇化的重要组成部分，在 2009 年全世界的城镇人口中，在 100 万人以下中小城市中居住的占 80%，在欧元区更占到 82%，其中在小城镇中居住的将近一半。新型小城镇化既有城镇化的共性，又有其特点。国际上通称“城市化”，而我国称为“城镇化”更表明了其特质。城市化主要指以原有城市为主，使城市扩大，吸纳农业转移人口，提高国家的城镇化率。而小城镇化则不但有由原城镇扩展成为新老居民共建的类型，还有在符合条件的大村子基础上新建以新居民为主的类型，所以有较强的特殊性。我国国土广袤，民族众多，地区差异很大，新型小城镇化不仅能为大城市减轻压力，还将成为建设新农村的桥梁。

新型小城镇化应遵循以下原则。

（一）以产业化为基础，不能“有城无市”

大中城市较难仅由政府规划来新建，而目前不少省市区财力充足，对小城镇来说完全有新建的可能。但是新建小城镇也必须有产业基础，应自然形成以市场为建设发展的主驱动力；而不能“有城无市”，只靠政府投资，这样的小城镇是没有生命力的，反而让政府背上包袱。小城镇化应以现有县城为主，除以高技术产业为基础的园区以外，尽量减少建设新城镇。中小城镇，即便是靠近大城市的城镇，也不能采取征地—房地产开发—农民上楼的模式，小城镇住房消化能力低，更容易形成房地产泡沫；而且就业容量小，上楼农民更无法找到工作。

新小城镇建设的例子有：随着潮汐发电技术难题的攻克和核电厂在海边的建立，以及大规模海水淡化产业的发展，沿海小镇会应产业发展之机而生。在波斯湾就出现了不少这样的小城镇。

（二）以特性化求发展，不能区域同构

新型小城镇建设要高度重视特质性，即必须利用自己的资源建出特色，否则与周边小城镇或大中城市产生非良性竞争，就失去了市场的驱动力。新型小城镇的特性产业可分为以下几种类型。

1. 依靠矿产和农牧产品资源

依靠矿产资源建镇是工业革命后小城镇发展的典型模式。近年来，我国也在山西、内蒙古依赖煤矿资源发展了不少小城镇。依靠农牧产品的小城镇发展在英国和澳大利亚是依靠羊毛，在我国历史上是依靠蚕丝和瓷器，都发展了许多世界著名的小城镇。

对于这种类型的小城镇，在充分发挥特色的基础上也要注意产业逐步升级，而且不能过于单一化，避免出现矿竭城衰和产业萎缩的情况，目前浙江嵊州就遇到了这种情况。

浙江绍兴的嵊州有“世界领带之都”的称号，它利用当地桑蚕丝的特产和传统手工艺，发展了领带制造业。在20世纪末，每5个中国男人就有4个系嵊州领带。仅“麦地郎”一家就年产1300万条

领带，年出口创汇2300万美元。但是嵊州的领带以量取胜，2008年出口价仅2.2美元/条，在桑蚕丝涨价、工人工资上涨、汇率上升的情况下，到2010年就遇到了困境，因此必须走生产集约化的道路。

2. 依靠旅游资源

旅游业将成为21世纪的最大产业，我国是文明古国和世界上最具地质多样性的国家之一，因此旅游业将成为我国新型小城镇化的主要依托产业之一。但无论是文化遗产还是自然遗产，都要本着可持续利用的原则，以“保护为主，利用为辅”，实现生态旅游。

小城镇建设必须利用历史文化传统来保持特色，否则千篇一律、彼此雷同的城镇既不可能利用自身的旅游资源，也不宜于居民日益提高的文化要求。如从北京到河北承德一线，原有清朝皇帝赴热河避暑山庄的六个行宫，现已荡然无存。可以考虑依托原沿线的兴隆、平安堡、鹰手营和大营子等城镇给予恢复，形成北京—承德的旅游带，发展旅游产业。

同时，小城镇应本着循环经济的理念，与周围景点，尤其是依托大城市来形成旅游环，才能避免小城镇单一景点游客不愿单独往返的弊端。

3. 成为大城市的卫星城和开发区

新型小城镇化的另一种类型是成为大城市的卫星城与开发区，可以是大城市的居民区、大学的分校区、科技园区或经济技术开发区。这种类型主要是利用邻近大城市的土地资源，但不能完全依赖大城市，要认真做好自己的总体规划和与大城市的发展对接，要考虑大城市发展中的变化。

这类小城镇除利用自己的土地资源外，必须在智力资源方面做好准备，不断提高居民的文化水平和城镇的管理水平，以提升小城镇的服务层次，才能吸引大城市的居民区、大学分校区、科技园区或经济技术开发区的建立和可持续运行。

（三）以集约化用资源，保证永续利用

小城镇地域小，资源有限。由于财力有限，又不可能全靠资源输入，因此，小城镇建设一定不能贪大求全、务高求洋，这样的发展既无必要，也不可能，只依靠中央投资是不可能持续的。资源使用一定要立足本地，集约化使用，才能使小城镇的资源实现永续利用，保证可持续发展。

在欧美，尤其是西欧，小城镇人均 GDP 已达 4 万美元的水平，但大多数小城镇都是用一百年前的两三层镇政府和只有半个足球场大的镇中心广场，镇上石铺小路依旧，不仅节约了大量资金，还保存了深厚的文化底蕴。

（四）以人文化建城镇，保护文化特性

新型小城镇要以文化建城镇，保护文化特性。特别是历史上我国有许多著名古镇，在新城镇建设中一定要保护这些城镇的宝贵文化遗产，充分利用文化底蕴。旧城改造绝不能拆了重建，对历史遗产一定要修旧如故地恢复，对自然遗产不仅要保护，而且要留出缓冲区。

小城镇更不适于追风建西式标志性建筑物，如果建，也应反映自己的历史传统。

（五）以生态化美环境，创造宜居条件

目前我国的污染，尤其是水污染，面源污染已日益严重，而小

城镇已成为面源污染的主要来源，许多小城镇的产业都是火电、钢铁、石化、水泥、有色和化工等六大空气污染产业和纺织、造纸、制革、食品、制药和采矿等六大水污染产业，对这些产业要严格控制，小城镇建设不能变成大城市的污染向小城镇转移。

2001 年笔者曾亲自考察因盛产丝绸的江苏省盛泽镇水污染产生的江苏和浙江的水事矛盾。人均 GDP 5000 美元以下阶段是乡镇企业高耗能、高污染和低效益的阶段，当时盛泽镇人均 GDP 已达 2640 美元，我国城镇化中的小城镇大部分处于这一阶段，因此，必须让企业达到 ISO 14000 标准，走循环经济与生态化的道路。

小城镇地域小，生态承载力低。所以，小城镇一定要发展生态型的循环经济：

① 严格控制高耗能、高污染、低附加值的企业进入。

② 对于纳税大户一定要使之排污达到国家标准。

③ 在城镇中尽可能发展循环经济产业由链成环。

④ 城镇应积极筹资建设污水处理厂、再生水回用厂、余热回收和废物利用等静脉产业。

小城镇也应使森林覆盖、人均绿地、人均水面面积和地下水埋深等一系列生态指标达标，持续保护和修复生态系统，建设美丽、绿色、生态型小城镇。

(六) 以知识化讲文明，发展高端产业，提升公共服务层次

小城镇建设要高度重视不断提高居民的知识水平，以知识化促科学发展。小城镇不但要提高知识文化水平，发展文化创意产业，而且社会知识水平也是招聘高层次人才的基础。仍以嵊州为例，一条在嵊州生产的领带在欧洲市场上的价格约为 30 欧元，国外终端品

牌企业在销售中赚取15欧元，有品牌经营权的中间商赚取12欧元，嵊州生产企业出厂的领带价格仅3美元，目前利润约0.5美元，这在国际上是罕见的。如果有熟悉国际惯例的高层次谈判人才，那么提高出厂价是完全可能的，这样就能在很大程度上解决嵊州以领带为主产业的企业目前遇到的危机。

以知识化讲文明，从而以质的提高来提升城镇的公共服务层次。目前的居民，尤其是人才向大城市聚集，除了易于就业外，另一个重要原因就是大城市的文明程度较高，公共服务较好。

小城镇建设以知识化讲文明，提高公共服务层次，不仅使本地居民受益，而且还能有效发挥减轻大中城市压力、带动新农村建设的功能。

（七）以循环化为目标，实现新型小城镇化

小城镇建设的最终目标也是建成道路、热电力、绿化、水供应、信息和文化六个环网以及一条产业链，能够构成循环经济产业环最好，但对于小城镇难度较大，应因地制宜，不要勉强。具体目标是：

① 道路环网。放射状较若干网适宜，宽窄适度，节地便民。

② 热电力环网。统一规划、节能低碳。

③ 绿环网。构成防护林带，保证人均绿地。

④ 水环网。构成水系，保证人均水面面积，严限排污。

⑤ 信息环网。便捷利民，信息公开，宣传城镇。

⑥ 文化环网。保持历史传统，修旧如故，发展文化特色，形象创新。

⑦ 循环经济产业链。抓住特色产业，发展静脉产业，构成循环经济链。

第三章　新型城镇化的三元参与模式及生态、经济和管理理论

中国的新型城镇化是史无前例的、涉及数亿人的社会变动，这种变动从来是有其自身规律的，政府、企业和居民都应在变动中摸索新型城镇化的客观规律，只有这样，前述的顶层设计、总体规划、路线图和时间表才有科学依据。那么如何摸索这一客观规律呢？应该在科学发展观指导下，依靠经济、社会和生态规律进行。

一、三元参与模式

摸索新型城镇化规律就要依靠政府、企业和新老居民的三元互动、三元协调和三元共同探索。在这里提出新型城镇化的三元参与模式，即政府、企业和居民三元协作共同参与新型城镇化的发生、发展和完善的全过程，并在过程中同舟共济，共享利益，共担风险。

（一）政　府

政府是城镇化的主导，要做到依法行政。政府的职能主要有8项：顶层设计、法规制定、总体规划、制定路线图、控制时间表、资金筹措、三方协调和高效服务，而不能与企业和居民“做买卖”。

1. 顶层设计、法规制定、总体规划、路线图和时间表的制定

关于顶层设计、总体规划、路线图和时间表的制定在第二章已经有详尽的论述。在顶层设计做出以后，政府的责任就是制定相应的法规，以保证新城镇化按顶层设计进行，并作为制定总体规划、路线图和时间表的规范，做到依法行政。

2. 科学管理

政府的科学管理就是依法行政，管好依法该管的事，尽可能不管和少管企业通过市场可以解决的事和居民通过自我协商可以解决的事。

对于违反总体规划的行为，如引进高污染企业，政府有权制止；而对于符合条件的企业进入应充分发挥市场的作用，让其自由竞争，优胜劣汰，而不应由政府去行政选择。

对于偏离路线图和时间表的行为，政府应制定导向性政策予以调整。如对于不符合城镇发展路线的企业，政府可设置更高的准入门槛；当城镇发展过快时可以减少批地等。

政府科学管理的另一个重要职能是调节企业与居民在城镇化过程中产生的矛盾。如建设污水处理厂与周边居民发生矛盾时，一方面政府应要求厂址面积达标，使产生的废气不对周边居民产生危害；另一方面也应向周边居民做科学解释，使之不提出过高要求。

3. 筹措资金及其他服务

为发展新型城镇筹措资金，保证市政投入是政府的责任，但政府的资金来源应该是“税收”，而不是“卖地”。因为“税收”是长

久的政府行为，是可持续的；而“卖地”（产权属于地方政府所有的小片土地除外）是不可持续的行为。政府要想保障城市可持续发展，应尽可能减少不可持续行为。

政府筹措资金的手段就是征税，通过城镇化来吸纳高附加值的产业和较高收入的居民，以获得更多的税收，然后再把它投入新型城镇化项目中形成良性循环。

此外，政府可以通过银行担保及支持民间融资机构的发展和融资市场的建立等手段为市政建设的发展和高附加值产业的进入融资。

其他服务包括建立城市资讯中心，提供信息服务；建立排污份额交易市场，提供排污份额买卖服务；建立废弃物贸易中心，鼓励企业利用城市废弃物为原料再生产发展循环经济；建立高技术产业化中心，鼓励技术创新和高新技术产业化。这些服务在欧、美、日的城镇以至我国台湾均已比较完善。

（二）企　业

企业是城镇化的基础，应按市场规律运行。企业的职能主要有6项：多渠道投资、参与总体规划的制定、评估资源与环境承载能力、利用公共设施提高生产效率获取利润、保证最低工资与福利、促进产业升级与技术创新。

1. 多渠道投资

新型城镇化的资金应主要来自企业，企业找到适宜建厂的城镇并看好其未来的发展后投资建厂，并向公共设施进行投入，是新型城镇化资金的主要来源和促进其良性循环的主动力。

企业投资可以有多种渠道，包括自有资金、银行借贷和发行债券等多种融资方式。

2. 参与总体规划的制定

政府有责任召集已确定投资意向并草签协议的有资质企业，而这些企业也应积极参与城镇总体规划的制定。企业应明确自己对城市的责任，也可提出对政府的要求，包括优惠政策。政府只有把企业作为合作者来看待，才能确保他们的投资意向和作为城市一员的积极性。

3. 评估资源与环境承载能力

企业有权质询政府作出的该城镇资源与环境承载能力报告，并进行再调查，以确保企业发展的基础与利益。

4. 利用公共设施提高生产效率获得利润

企业有权利用城市资源与公共设施从事生产获取利润并照章纳税。

企业应与政府协商明确自己的废水、废气和固体废弃物的排放份额，充分利用城市的资源与环境承载能力，保证企业水、电、热力供应和在适当时段利用道路等公共设施的优惠与便利，从而不断促进企业提高利润。而企业应保证依法纳税。

5. 保证最低工资与福利

企业应通过改进技术、加强管理和扩大生产来保证雇用工人，为城市就业率做出贡献，同时应保证雇员的收入高于城市最低工资和参加各项社会保险，在企业中建立工会，保持与雇员的沟通渠道畅通。

6. 促进产业升级与技术创新

企业有义务支持员工技术创新，努力引进新技术，增加新产品，提高产品的附加值，促使产品升级和企业升级，使企业成为城镇可持续发展的原动力。

(三) 居　民

居民（包括新老居民）是城镇化的主体，应实现公众参与。居民的职责主要有4项：自由选择是否成为市民，不断提高自身素质；通过听证会等形式充分实现公众参与；以诚实劳动争取成为“纳税人”，为城市的发展贡献其实实在在的正能量；通过合法手段维护自己的各项权益。

1. 居民在一定条件下有权选择是否成为市民

城镇的常住与流动人口在一定条件下有权选择是否成为市民，而与其原来的户籍无关。在发达国家城镇化的过程中，以至今天要想成为某个城市的居民都是有条件的，否则城镇化和现有城镇进入无序状态将是老居民、新居民和政府都不能同意的。基本条件是：

首先，有合法的住房，指自购房或法定允许并达到最低人均居住面积的出租房。

其次，在本市有一年以上的工作合同，或保障在本市生活一年以上的存款证明。

最后，不少城市还要求无犯罪前科等证明。

这些条件不仅是城镇政府管理的要求，也是老市民对自己在城市中的生活综合水平不因各种因素影响而降低的合法要求；同时，也是希望成为市民的农业转移人口自身的需求，因为不符合基本条件而强入某个城镇就无法实现其追求幸福的愿望，而个人的愿望也不应成为直接或间接妨害他人或社会的事实。这些西方城镇化以人为本的全面标准是十分值得借鉴的。

2. 居民对城镇发展实现全面公众参与

居民有通过民选的人民代表大会代表、居民委员会、听证会、社团和媒体等多种形式，对城镇发展的顶层设计、法规制定、总体规划、路线图和时间表制定的广泛参与权，有对政府执法和企业守法的监督权，应真正成为城镇的主人。政府应通过各种形式保障和支持这些权利的充分使用。

同时，新居民选择进入城镇后有义务改变自己，提高素质，融入城镇，促进城镇的社会和谐。

3. 以诚实劳动争取成为“纳税人”

城镇发展的基础是资金，而城镇资金的来源是税收，同时许多城镇还要向国家纳税。税收的来源是“纳税人”，没有纳税人（包括法人），城镇的资金就没有来源。同样，如果新居民都不是纳税人，那么城镇资金的来源就相对减少，城镇就失去了发展的动力。因此，每个城镇的新居民都要争取成为纳税人，而且力争成为高额纳税人（即纳税超过平均值），只有这样，新型城镇化才能持续，那些新的、想成为城市居民的人想要改善生活的愿望才能实现。城镇的新居民有如人体的新细胞，只有新细胞是健康的细胞，人的生命才能延续；同样，只有城镇的新居民为城镇贡献“正能量”，新型城镇化才能健康地可持续发展。否则如在发达国家已经多次发生的实例，城镇不但不能发展，而且将逐渐蜕变为一座“死城”。

4. 居民通过各种合法手段争取自己的合法权益

新型城镇化的出发点是以人为本，所以新老居民不但有为城镇贡献正能量的义务，同时也有自己的各种合法权益，这些权益得到保障，不但是人权所在，也是新老居民为城镇贡献正能量的基础。

（四）三元系统的内部关系

作为一个系统，政府、企业和居民三个主要素之间的关系至关重要，城镇系统与周边的关系也十分重要。系统内部关系的主要原则是以人为本，全面、协调，从而达到可持续发展，同时也应高度重视处理好与系统外部，尤其是周边乡镇的关系。

1. 以人为本

城镇是人聚集的地方，基本原则当然是“以人为本”。这个“人”的主体是居民，当然也包括企业家和政府官员。对于居民，应依法有选择在城镇中居住和离开的迁徙自由，政府和企业家应予以保证；当然，政府和企业也有对违法或违纪的居民或雇员处置的权力。

2. 全　面

政府、企业和居民都应认识到自己是城镇的三角支撑之一，缺一不可。如果只有政府行政命令的管理，许多方面都可能不切实际，城市将会死气沉沉，失去活力以致生命力。如果只有企业的快速发展，生态系统的承载力可能无法支撑，城镇发展也失去了长远规划，出现许多短期行为，最终损害企业的前途。如果只有居民共识，城镇发展可能与国家的总体规划有出入，与周边关系也可能出现问题。因此，只有三角支撑形成合力，互相配合，城市才能可持续发展。

3. 协　调

在城镇发展中，政府、企业和居民三者形成合力，互相配合十分重要，这就需要各自站对位置、互相协调。居民应视官员为执法者和服务者，没有他们，城市就陷入混乱状态，自己的各项权利就得不到保证；居民应视企业是自己居住在这个城镇的经济来源，应以厂为家，爱厂如家，与企业家共同努力达到企业的发展和生活水平的提高。

政府在城镇中的位置是在服务基础上的管理，政府是城市的主导。其之所以成为主导是因为：首先，政府依法执行国家政策；其次，政府能做到也应该去做企业与居民做不到的事情；最后，政府在企业和居民发生矛盾时处于协调的地位。

企业在城镇中的位置是城镇发展的主力。其之所以成为主力是因为：首先，企业交纳税费，为政府提供财政基础；其次，企业为居民提供就业机会，使居民得以在城市中生活；最后，企业的创新和发展是城市活力之所在。

居民在城镇中的位置是城镇的主体，城镇是由居民组成的，没有居民也就无所谓城市。居民应在得到政府和企业的充分尊重，成为合作伙伴的基础上自我约束，新老居民都应遵纪守法。尤其是新企业职工应充分认识到企业的建立和发展为自己提供了就业和居住在这座城镇的机会，应把自己在城镇中发展的前途与企业的发展联系起来，应该认识到自己是城市的主人，爱市如乡，爱厂如家，不能把自己定位为匆匆过客，将不断游弋变成追求更好生活的途径，因为这既不符合道德要求，也不切合实际情况，成功的概率是很低的。

（五）城镇系统与周边的关系

城镇系统处理好与周边的关系至为重要。

1. 城镇系统与周边城镇的关系

城镇系统与任何一个非封闭系统一样，与其边界之外的周边城镇以至更远的国内城镇系统都有着千丝万缕的联系，它也是城镇活力之所在，发展之基础。对于大多数城镇而言，外来的资源、智力和劳力还是其生存的基础。

（1）城镇发展应以国家顶层设计为框架

城镇的发展要在国家顶层设计的指导和总体规划的规定下进行，这是与周边关系协调的基本保证。

（2）城镇排污排废必须达标，不能危害周边

有河流流向外城镇的废污水排放必须达标控量，不能污染下游城镇。其中的道理很简单，自己也有上游。

城镇企业对大气的污染也必须达标控量，不能过度建设大气污染企业而污染周边城镇。

（3）城镇利用资源必须依法进行

如《水法》规定，水资源属国家所有，所以上游城镇不能无度截流蓄水，使河流断流，应按国家分水计划取水。

地下水在地下构成水层，是国家的“公共水库”，也应按配额抽取，不能使地下水埋深降低，造成本城镇或其他城镇在旱季缺水。

(4) 城镇发展避免与周边地区城镇同构

同样的产业结构，利用同样的资源，销向同样的市场。企业如果没有资源和智力的禀赋优势，应尽量避免与周边地区产业同构，从而形成恶性竞争。

(5) 以自身优势充分合理利用周边城镇的资源与机遇

如周边城市有邻近的森林，可就近建居民区，不必自己再占地造林。

如城镇有多余的人力资源，可向周边城镇输出，不必自己再建产品附加值不高的新厂。

如城镇有土地，周边又有大城市，可为大城市建居住区和卫星城，依托大城市拉动发展。

如邻近有大城市，可就近引入大学和科研所的高级技术人才或通过周末聘请为创新产业所用，来提高城镇的产业层次。

(6) 以自身优势与周边城镇互补

如城镇丰水，可与周边缺水城镇建立水市场，出卖水权，或出让水权以其他形式获得补偿。

如城镇有荒山，可引入周边城镇企业植树造林，与周边城镇共享所产生的生态效益。

有条件的城镇可以在智力和财力上有偿或无偿地支助周边城镇共治河流、共造森林、共修湿地，建成地域的良好生态系统；也可以与周边城镇共建高技术企业、科技园区和大学，形成高科技产业带。在旅游资源上，可与周边城镇共建旅游环或区，提升旅游业层次，促进旅游业发展。

2. 城镇系统与周边农村的关系

城镇与周边农村的关系至关重要，最终目标是城乡一体化。农业现代化是新型城镇化的支撑，只有农村与城镇均衡发展，城镇才能良性、可持续发展。在发达国家城镇化阶段和目前许多城镇化的发展中国家，都出现贫瘠的农村包围城市的现象，在这里形成城镇贫民区，以致不仅严重影响城市环境，藏污纳垢，而且对城镇的社会治安也造成严重威胁。

我国目前采取市管县的行政体制，并不是说使农村人口转移就能解决城镇化问题，在城镇化的同时必须使农村均衡、同步发展。对于农村出现的空巢、劳动力短缺、劳动力素质下降和保粮食生产等一系列问题，必须逐一解决才能保证城镇化顺利进行。

二、城镇生态学理论

城镇基本上是一个人工生态系统，它叠加在地域所在的自然生态系统之上，所谓“城市与自然和谐”、“绿色城市”、“美丽城市”和“生态城市”等都是指城镇的人工系统要在所在地域自然生态系统的承载力之内，否则所有美好的愿望都会落空。农村也是一个小小的人工生态系统，也叠加在所在地域的自然生态系统之上，但是它人口少，从事农耕，排污少，占地小，除了不适于人类生存的地区外，所在地域的自然生态系统均可承载，污染可以靠自然生态系统的自修复能力排除。当然，工业化以来农村中农药和化肥的使用，使得大型养殖场的发展也造成了较严重的与自然不和谐，应予以治理。

(一) 生态系统概念的由来

1866 年，德国的海克尔（E. H. Hdeckel，1834—1919）在《自

然创造史》一书中最先提出“生态学”（ecology）一词。1895 年，丹麦的瓦尔明（J. E. B. Warming，1841—1924）以德文发表《植物生态地理学为基础的植物分布学》，1909 年译成英文，更名为《植物生态学》，这是世界上第一部划时代的生态学著作，在世界广为传播至今。

“生态系统”（ecological system）一词由英国植物生态学家坦斯莱（A. G. Tansley，1871—1955）于 1935 年首先对其提出比较完整的概念。坦斯莱兴趣广泛，对植物群落学进行过深入的研究，发现了土壤、气候和动物对植物的分布和丰度有明显的影响，于是提出了一个概念，即居住在同一地区的动植物与其环境是一个整体。他指出：“生物与环境（有机和无机）形成一个自然系统。正是这种系统构成了地球表面上大小和类型各不相同的基本单位，这就是生态系统。”

坦斯莱首先正式使用“生态系统”（ecosystem）这个词，他早在 1923 年就发表的《实用植物生态学》，也是最接近现代生态系统概念的著作。坦斯莱强调生物和环境是不可分割的整体；强调生态系统内生物成分和非生物成分在功能上的协同，把生物成分和非生物成分视为一个统一的自然实体，这个自然实体——生态系统就是生态学上的功能单位。例如池塘中的鱼、虾和藻类等水生物与水域环境就构成了池塘生态系统，一般说来池塘太小，则受周围影响太大，不是相对独立的，但近 1 平方公里的大池塘就形成许多独立的特性。

（二）生态系统的基本规律

研究生态系统的目的在于认识和正确运用自然规律，正如恩格斯所说："人类可以通过改变自然来使自然界为自己的目的服务，来支配自然界，但我们每走一步都要记住，人类统治自然界绝不是站在自然之外的，我们对自然界的全部统治力量就在于能够认识和正确地运用自然规律。"而生态系统中最核心的规律就是生态系统的动平衡规律。

1. 对生态系统平衡的基本认识

国际研究表明，近十几万年来地球上的自然生态系统是基本稳定的。冰川期过了，造山运动停止了，陆海格局基本稳定；大气温度、降雨量，甚至大气环流和大洋暖流都基本稳定；就全球而言，森林、草原、湿地、半荒漠、荒漠和沙漠也基本稳定，这些自然状况就是几万年人类历史自然生态系统动态平衡的基础。生态系统是一个非平衡态超复杂巨系统，但是由于自然生态系统处于动平衡状态，而且没有发生剧烈变化——大扰动，人类才得以生存、繁衍和发展，因此自然生态系统内部的资源循环和动平衡的正态分布统计规律是人类应该认识和正确运用的最基本的规律。

从可持续发展的角度来看生态系统动平衡，应有如下基本认识。

(1) 维护生态平衡

人类发展的历史表明应该维护生态平衡，可持续发展也要求维护生态平衡。实践证明，对于现有生态平衡的强扰动、强冲击、大改变、大破坏，只可能带来暂时的经济利益，而不利于可持续发展。所谓"大"就是超过了正态分布的统计规律的正常波动范围。

(2) 生态学及其理论的不完整性

同物理学、化学等传统学科相比，生态学还是一门在20世纪才兴起的、很不完善的学科。生态学的基本理论是生态平衡。然而对于一个地区，其生态平衡究竟在何处？各种自然资源应该如何分布？这些都是生态学尚不能解决的问题。

(3) 生态系统变化的不可逆性

生态系统是非平衡态超复杂巨系统，它的变化是一个十分复杂的过程，是不可逆转的，这已经被科学理论和人类实践所证明。因此，生态平衡和良性循环只能尽可能照原样修复，而不可能像化学反应一样逆向恢复，这一方面说明了生态平衡基本恢复的可能性，另一方面也说明了生态平衡破坏的严重性。

(4) 对生态系统定量分析的必要性

为了进一步认识生态系统，当务之急是生态系统分析的定量化。联合国有关方面为此做出了巨大努力，如确定地表水资源折合径流深 150 毫米为生态缺水的下限；对于 1 万平方公里以上的大区域，根据气候不同以 25%～50%为适宜的森林覆盖率等。当然，这些都是统计分析得出的经验范围，不是理论计算值，但为我们研究生态系统提供了必要的参照。

2. 自然生态系统平衡的特点

自然生态系统是一个非平衡态超复杂巨系统，其平衡有如下特性。

(1) 不是简单的算术平衡，而是超多元的、复变的函数平衡，因此具有调节能力

在多种元素的影响下，该系统具有自我调节、在不受到大扰动的情况下良性循环的能力。

以塔里木河流域的森林子系统为例，不是有多少棵树的平衡，而是乔、灌、草复合森林系统的平衡。降雨少了，胡杨枯一些，红柳长一些，仍达到森林系统的平衡；降雨多了，又会恢复到原来的组合，体现了系统的自我调节能力。

生态系统的调节能力使其良性循环得以形成。

(2) 不是瞬时的平衡，而是周期的平衡，因此具有自我修复能力

仍以塔里木河为例，雪山融水量和降雨量年际变化不小，但从30年的长周期来看，变化是很小的，塔里木河自然生态系统甚至还自然配置了“一千年不死，（死后）一千年不倒，（倒后）一千年不朽”的胡杨，得以在这样的气候条件下长存。

生态系统的自我修复能力是水生态系统良性循环的基本保证。

(3) 不是静平衡，而是动平衡，因此具有自我发展能力

生态系统是一个非平衡态系统，或者说是一个动平衡系统。几千年内，自然生态系统也发生较大变化，例如河流下游形成新的冲积平原，但是作为流域，自然生态系统大、承受能力大，所以总体仍处于平衡状态。

动平衡体现了系统的自我发展能力。

(三) 人工生态系统及其实例

所谓“人工生态系统”就是人类模仿自然生态系统建造的、自持的、闭路循环的生态系统。迄今为止人类还没有造出真正自持的生态系统，所有“人工生态系统”都没有创造出新物种，它们靠的都是氧气、水和能源的输入，也就是说靠的是其他自然生态系统的输出。

1. 美国的人工生物圈实验

人造生态系统有一个教训可以吸取，这就是在科技最为发达的美国的“生物圈 2 号”（Biosphere 2）实验。1991 年，美国科学家进行了一个耗资巨大、规模空前的“生物圈 2 号”实验。所谓“生物圈 2 号”是一个巨大的全封闭的玻璃人造生态系统，位于美国荒凉的亚利桑那州的奥拉克尔（Oracle），建设共耗资 2 亿美元。底面积为 1.28 公顷，大约有两个足球场大小。从外面观看，它是一个巨大的玻璃球体，这个封闭生态系统尽可能模拟自然生态，有土壤、水、空气与动植物，甚至还有小树林、小湖、小河和模拟海。1991 年，8 个人被送进“生物圈 2 号”，本来预期他们将与世隔绝两年，可以靠吃自己生产的粮食，呼吸植物释放的氧气，饮用生态系统自然净化的水，在固定数量的空气、水和营养物质的循环反复利用下，像在地球上那样生存。

但是，试验开始 18 个月之后，“生物圈 2 号”系统严重失去平衡：氧气浓度从 21%降到 14%，不足以维持研究人员的生命，补充输氧也无济于事；二氧化碳和氮氧化合物的含量都急剧上升，无法模拟碳循环过程；原有的 25 种小动物，19 种灭绝；为植物传播花粉的昆虫全部死亡，植物也无法繁殖；农产品产量大幅下降，无法模拟生态循环。

事后的研究发现：细菌在分解土壤中大量有机物质的过程中，耗费了大量氧气，首先失去氧平衡；而细菌所释放出的二氧化碳经过化学作用，被“生物圈 2 号”的混凝土墙吸收，又打破了碳循环。

“生物圈 2 号”计划设计得巧夺天工，结果是一败涂地，说明人类对生态系统的知识还实在太少，目前不论花多大的代价，也不论采用当前拥有的何等复杂、先进的技术，都不足以建立哪怕是实验的“人造生态系统”。其后，美国科学家总结经验继续了这一实验，但直至2000年笔者到亚利桑那时仍没有取得突破性的成功，至今还没有见到成功的报道。

2. 金钱堆起的波斯湾沿岸人工生态系统

从理论上讲，自持生态系统是不能人造的，但在人不断干预的情况下，可以形成准人造生态系统的持续运行，美国的赌城拉斯维加斯就是其中一个例子。

阿拉伯联合酋长国正在进行更大的人工生态系统营造，在世界上首屈一指。在从首都阿布扎比到沙迦的长达180公里、宽为10公里的沿海地带，酋长国已经完成了一个面积达2000平方公里的庞大半荒漠变绿洲的人造生态系统工程。

笔者两次往返于从阿布扎比酋长国首府阿布扎比岛，经迪拜酋长国首府迪拜市，到沙迦酋长国首府沙迦市全长180公里的公路，亲眼见到绝大部分的路段两旁全是高耸的棕榈，除个别地段仍是荒漠外，绿地纵深在5～15公里，绿草和耐旱灌木构成了广阔的人造绿洲。其中阿布扎比市人口约为100万，迪拜市人口为90万，沙迦市人口为15万，再加上公路沿线的居民，海岸绿洲人口占阿联酋人口的2/3。这里居民的生活环境的确从半荒漠带变成了半湿润带，绿茵遍地，空气比较湿润。据笔者的实测，绿化10年以上的地区，沙地已开始土壤化。

(1) 建造人工生态系统的条件

阿拉伯联合酋长国波斯湾沿岸的人类改造自然、人工生态系统建造也是有条件的：

① 波斯湾南岸沿海，年降雨量近200毫米，这是改造生态系统

的基础。新生态系统形成后，目前降雨量仍不到250毫米，无法维系草原植被，所有树和草都必须灌溉。由此可见，如果原来的降雨量低于100毫米，这种改造就几乎是不可能的。

② 巨额的投入。仅阿布扎比酋长国境内，占人工绿洲约一半的地区，年耗水量目前已达4亿立方米，人均拥有270立方米，折合地表径流深则高达800毫米。总投入仅海水淡化制原水的成本就达2.5亿美元/年之巨。

③ 波斯湾南岸临海，因此可就近淡化海水，否则代价将更大。

如果加上20年来的海水淡化设备投入，输水管道投入，喷灌、滴灌设备投入，污水处理投入，移植树草，甚至移入土壤投入，人工投入，管理投入，则总计达2000亿美元之巨，也就是说，每变1平方公里荒漠带为绿洲大约要投入1亿美元。

④ 阿联酋的绿洲人工生态系统计划是按照长远的科学规划进行的。按部就班，不急于求成，而且以科学知识为基础，如厉行节水灌溉，引入耐旱物种等，因此取得了较好的效果。

(2) 阿拉伯联合酋长国波斯湾沿岸人工生态系统自持的展望

尽管有如此巨额的投入和科学的规划，阿联酋波斯湾沿岸的人工绿洲生态系统建设还只是初具雏形：

① 目前还未形成自持的生态系统，年降雨量只从200毫米略升到250毫米，距半湿润带的下限400毫米还相差很多，估计要达到下限至少还需要60年时间。因此，目前只能靠代价高昂的海水淡化灌溉来维持。

② 人工生态系统中的土地刚刚从砂砾开始土壤化，估计形成土壤至少还要20年时间。

③ 当绿洲生态系统完全建成后，可以容纳约500万人在较好的

自然条件下生活，即约2500人/平方公里。如果随着阿联酋的高速发展，外来移民剧增，超过2500人/平方公里，则又会使十分脆弱的现有人工生态系统退化，甚至前功尽弃。

由此可见，建成一个100平方公里以上面积的人工生态系统，即使不计投入，也需要80～100年的时间。

(四) 当前我国城镇水环境问题及其解决办法

城镇水环境问题是当前我国新型城镇化的突出问题，不仅2/3的城市地表水污染严重，而且过半的城市地下水污染，而我国有61%的城市以地下水为主饮用水源。如何解决这一十分严重的问题，中央已经指出了明确的方向，2011年7月中央水利工作会议提出要“着力实行最严格的水资源管理制度，加快确立水资源开发利用控制、用水效率控制、水功能区限制纳污3条红线，把节约用水贯穿经济社会发展和群众生活生产全过程”。

至2011年，经过12年的努力，落实前两条控制红线的认识已取得共识，也做出了不少成绩。但落实第三条红线——水功能区限制纳污红线的困难与问题较多，而这又是关乎城镇居民生活的、急需解决的大问题。笔者同意“水环境问题是我国最重要的水问题和最大的危机”的看法，造成这一问题的原因，既有水环境工程科学基础研究的误区（政府部门研究机构的应用研究取得了不小的成绩），又有行政管理分割的问题。

水环境工程科学的基础研究应充分借鉴李四光先生的构造系统论和钱学森院士的“非平衡态复杂巨系统”理论，以多学科综合交叉研究来提高层次，要像找油和航天一样，不是只谈“绿色”的政治性口号，而是脚踏实地的为人民、为后代解决我国的水环境问题。

水环境工程科学基础研究，不是公共卫生学的简单延长，以系统论、统计学、概率论、管理学和生态学为指导的多学科综合交叉研究亟待加强，同时需要加强对国际、国内各类型水环境的深入实地考察，从实际问题中总结和发现规律。当前水环境工程科学基础研究应特别重视以下主要问题。

1. 水资源是水环境的基础，应高度重视早已取得共识的“生态水”概念

笔者在2001年2月9日国务院会议上提出的“生态水”概念，被温家宝总理肯定为新概念。生态水就是维系生态系统平衡，在河道、湖泊、湿地、地下水层和入海流或消失流（内陆河）所保持的、维系地表生物圈的最低水量。

一般意义上的人均用水量只是生活和生产需水的指标，维系生态系统同样需要水，即生态水。根据生态需水这一新概念，笔者也在联合国教科文组织主持项目做了科学研究，得出的结论是：在不取用水的条件下，水资源总量折合地表径流深低于150毫米的地域，难以维系乔木、灌木和草本植物组成的良好植被生态系统，而大于250毫米则可以较好地维系。我国山西、内蒙古、甘肃、宁夏、青海和新疆等广大地区都低于150毫米的、维系良好地表植被的水生态平衡标准，属于自然水生态不平衡的缺水地区，这些地区的城镇化更应对水环境问题予以特别重视。

进入21世纪，在全球性水资源短缺的形势下，人类已认识到不仅生活和生产用水是必不可少的，水生态系统平衡也是人类生存的基础，不但要重视“生产”和“生活”这“两生”，还要充分认识“第三生”即“生态用水”，对于城镇来说，“生态水”就是“水环境”。

2. 过去忽视的地下水环境问题已是当务之急，应给予特别重视

我们说的淡水生态系统包括地表水、大气水、土壤水、雪山和地下水，我国地下水资源量占水资源总量的近30%，由于地表水短缺，不易直接抽取的地下水已经成为重要的水资源。我国北方2/3的城镇以地下水为主要水源，尤其作为饮用水源。以北京为例，地下水用量占总供水的54%。因此，绝不能忽视地下水环境的问题。

目前在我国不少地方，尤其是北方，过度抽取地下水的现象十分严重；同时地表排污渗漏，都严重影响了地下水的水质，产生了严重的地下水环境问题；但是地下水环境的基础研究十分薄弱，地下水监测技术、地下水回补技术和地下水除污技术等水环境技术严重滞后，亟待开发。

2009年，北京采地下水19.7亿立方米，超采30.5%，一年就欠账4.6亿立方米。近10年，平均每年超采竟达9亿立方米，喝的相当一部分水是“子孙水”。1950—2000年，由于地下水超采，北京地下水位已经下降了23.5米之多。也就是说，京郊农民打井取水已经从打4～5米变成要打30米的深井，不少地方的机井要打到60米深才出水。这种情况再不及时解决，后果将很严重。

同时，地下水又是地表所有植被系统的主支撑之一，承压层还是地表的直接支撑，所以必须解决地下水环境工程的理论和技术问题，才能使我国投入的346.6亿元的地下水污染防治工程发挥真正实效。

3. 被中央水利工作会议肯定的“水功能区”理念，应成为水环境治理的原则

真正实施水环境治理时，既不可能，也无必要把所有水域都治理到Ⅰ类水，因此必须把城镇水域分成饮用水源地及生活、生产、航运和景观等多个功能区，在不同区域对水有不同的级别要求。

由于我国水环境工程科学基础研究的薄弱，把水环境系统分成不同功能的子系统，是系统论在水生态系统中的创新应用，以“水功能区限制纳污”为指导布局的全国水环境工程，10 年来在基础研究界未予重视，制定了许多“规划”都未贯彻这一思想，是我国不少地方水环境恶化的重要原因。这一点至今已由中央明确，各界应立即行动，马上进行我国水环境工程的科学布局，根据水功能区来分地、分类、分级、分批、分期地进行。

4. “节水就是治污”的理念，是使水资源与水环境在理论上的统一

水资源是水环境的基础。尤其在我国，水环境问题主要是水资源开发过度造成的。笔者在 2000 年就提出“节水就是治污”的理念，不能只强调修建污水处理厂和提高污水处理级别，否则无度地兴建污水处理厂耗费了大量土地、财力、能源和人力，增加了 CO_2 排放。这种做法即便在丰水地区也不可行。实地考察中，有的寸土寸金地区，污水处理厂与居民区之间没有留足间距，附近气味难闻，空气污染严重，居民怨声载道。

节水技术的研究应该与治污技术的研究构成统一的水环境技术体系，以性价比决定技术路线，而且要因地制宜，才能尽快改变我国今天水环境恶化的现状。

5. 水环境治理技术应以开发针对不同水功能区的适宜技术为主

技术开发应把主要精力放在开发和推广不同地区的不同类型水功能区的适宜技术上，而不仅是开发应用范围有限的高技术来争取获奖，应以适宜技术来改变我国治污设备“半开半停”的怪现象。在发达国家中，靠市场做“裁判”，不转化为适用技术的应用研究成果是没有价值的，所以，必须在不同类型水功能区开发不同的适宜技术。有关部门不仅应科学认证适宜新技术并鼓励推广，还应展开调查，逐步更替不适宜技术。

三、经济理论问题：新型城镇化将跨越所谓的“中等收入陷阱”

目前国际上的经济理论可谓百花齐放，新提法层出不穷，所谓的“中等收入陷阱”说即是一例。也有人把“中等收入陷阱”说成是“城市化陷阱”，是与我国当前的城镇化密切相关的。

（一）笔者对“欧元区”实行时间的质疑与欧债危机

2005 年 5 月 28 日，笔者在意大利波伦亚大学，也是世界上第一所大学的培训中心组织的研讨会上发表主旨演讲，题目是《中国经济向何处去？——循环经济》，主要回答了中国成为“世界工厂”的问题。

在演讲中指出，中国目前出口价廉、质次的产品并不是中国的意愿，而是由于欧元实行后物价剧涨，使西欧民众变穷，对廉价产品有了强烈的需求。这虽然占领了部分西欧市场，但也抑制了西欧的通货膨胀；这虽然使中国产品出口激增，但也大量消耗了中国的资源，急剧增加了中国的污染。所以究竟对谁有利，应该科学、具体地分析。

那么，如何解决这一问题，使对双方的不利都转化为有利，以达到双赢呢？办法就是在中国实行循环经济，通过采用高新技术，在提高资源利用率的同时，提高工人的素质，提高产品质量和层次。这样，中国产品的价格要上升，但质量也提高了；可能对欧洲市场份额占有减少了，抑制通货膨胀的作用也降低了；但对于中国来说，出口总收入并没有减少，出口获利可以用来增加改进技术的投入，也可以用来增加工人工资，工人工资提高了，消费层次也会提高，就会增加进口，为意大利商家提供了机会；还可以减少资源的消耗和环境污染，对中国的可持续发展有利，也使中国形成可持续发展的商品和投资市场，这样就可以达到双赢。这番道理得到了在场意大利企业家的一致赞同，他们不仅对中国的市场，尤其对奥运会的市场表现出极大的兴趣，而且对笔者的“新循环经济 5R 理念”也表现出极大的兴趣，与大学联系密切的 Effeelle 出版社 2006 年 4 月全文出版了笔者《新循环经济学》的英文版，据查是发达国家全文出版中国经济学著作（不是编著）的第 4 本。

笔者还和在座的意大利经济学家讨论了一个问题，就是“欧元在欧洲实行早了”，因而引起欧元区国家普遍性的物价上涨，降低了欧元区人民的生活水平。以波伦亚为例，牙刷要 3 欧元，同样质量的牙刷，以前在法国不到 1.5 欧元，在意大利则更低，而在中国 0.5 欧元就能买到。1.5 升的矿泉水 1.5 欧元，同样质量的矿泉水，以前在法国不到 0.8 欧元，在意大利就更便宜，而在中国 0.3 欧元就可买到。在中低档餐馆一个人吃一顿饭，现在要20欧元，而同样质量，以前在法国10欧元就够了，在意大利就更便宜，在中国3欧元则足够了。说明在意大利实行欧元后物价上涨了1倍多，这不是正常的经济政策，难怪百姓怨声载道。

“欧元之父”蒙代尔提出的欧元理论是向物价最高的德国看齐，但齐刷刷地都提到德国的物价水平，而德国的物价却不变，根据波动理论这是不可能的。实际上，涨价的冲击使得德国及与其物价水平相当的国家也提了价，从而拉动整个欧元区物价上涨，存在着潜在的债务危机。当然，决定是否实行根据某种理论的政策，其责任不在这种理论的创建人，但是作为一种完善的理论，创建人应该阐明它的适用条件，并做出更科学的后果分析。在座的经济学家一致同意笔者的这种观点。

这次会议不但波伦亚电视台来采访，而且意大利第一大报《共和国报》还在第二天报道了消息。

(二)“中等收入陷阱”的概念

世界银行的经济学家英德米特·吉尔，通过2005—2007年的研究后提出了“中等收入陷阱”的概念，指当一个经济体的人均收入达到世界中等水平，即人均GDP达到3000美元以后，其所依赖的从低收入经济体转变为中等收入经济体的战略，已不能继续指导其向高收入经济体攀升。在这一阶段，以往快速发展中积聚的各种矛盾集中爆发，如果不能实现发展方式的转变，将难以产生新的经济增长动力，进而导致社会问题突出，经济增长回落或长期停滞。按照世界银行2009年的标准，人均GDP在3946～12195美元间的国家为较高收入的中等收入国家。

（三）“中等收入陷阱”概念缺乏充足的理论依据与实际证据

首先从经济理论上讲，在正常情况下，无论是劳动者生产力水平，还是工人薪酬水平，都是一个连续函数，它可能会由于战争、天灾、国际环境或政府的错误经济政策而发生突变，但这是突发事件；而由于上述原因的突变可以发生在经济发展的任何一个阶段，因此都可能产生陷阱。在21世纪的今天，在经济发展的任何阶段都存在“可持续发展”的问题，美国的次贷危机和欧洲的欧债危机就是证明，所以没有特别的“中等收入陷阱”。

对1950—2010年60年间不同国家经济收入的比较说明，人均收入在1.3万～1.4万美元（购买力平价法）之间的经济体，每10年平均实现2.9％的增长率，快于任何其他收入水平的经济体。因此“中等收入陷阱”说法也缺乏全面统计的实际证据。

提出者本人也说，“中等收入陷阱”主要存在于一些拉美国家，在亚洲的菲律宾和马来西亚出现了这个问题，而日本、韩国、新加坡和我国的香港与台湾都基本不存在这个问题。由此可见，这并不是一条规律。

（四）以新型城镇化跨越“中等收入陷阱”

英德米特·吉尔提出的“中等收入陷阱”概念从科学发展观和社会主义市场经济理论来看是人与资源的问题，实际上是从“小康”走向“富裕”的问题，从这种意义上说，的确是我国面临的重大问题，但是可以通过成功的新型城镇化来解决。

1.“失去廉价劳动力”的问题

所谓“中等收入陷阱”提出的一个问题是：中等收入国家失去了低工资的廉价劳动力。在新型城镇化中要注意，转移的主要是“农业人口”，即从业人口，而不是“农村人口”。转移的人口要“安居乐业”，但同时不可忽略的是创造价值，要创造比农业生产更高的价值。不仅要给转移人口就业机会，还要特别重视职业培训，以提高他们的技能和劳动生产率。

2.“没有高科技”的问题

所谓“中等收入陷阱”提出的另一个问题是：中等收入国家没有高科技。在新型城镇化的过程中，政府要办好21世纪城镇的新细胞——各类园区，积极鼓励创新，尤其是自主创新，支持高技术创业，利用较好的物质基础使高科技成果产业化，要在这方面实现赶超。

3.“经济发展战略转变”的问题

所谓“中等收入陷阱”还提出的一个问题是：中等收入国家的经济发展战略需要转变。实际上，我国在此前就已经提出转变经济发展方式，问题是在新型城镇化过程中务必要落实，不能把落后产能转移到小城镇。

4.“中等收入群体较小”的问题

所谓“中等收入陷阱”的最后一个问题是：中等收入国家没有足够大的中等收入群体。在新型城镇化过程中，要实现农业转移人口不落入最低收入保障，以产业升级、在职培育和榜样激励等各种手段尽快从中培育中等收入群体。

5.“资源短缺、污染严重”的问题

所谓“中等收入陷阱”还有一个没有提到的问题是：中等收入国家的经济达到一定规模时，资源消耗大，污染排放多，如果经济发展真的陷于停滞，将使资源短缺和污染严重的问题加剧。因此在新型城镇化的过程中，产业发展一定要实施循环经济。

如果在新型城镇化过程中解决好这些问题，新型城镇化就一定能使我国不出现人为的“中等收入陷阱”问题。

四、管理理论——以城镇水务局为例

在城镇化的过程中，政府起主导的作用，这种主导作用集中体现在“以人为本”的、服务型的、依法行政的管理；作为企业同样需要科学管理；新老居民也需要自组织型的自我管理。在这些硬、软约束下，城镇化才能有序、稳妥地进行，才能积极健康地发展。

（一）管理理论的基础是系统论

管理理论已经耳熟能详，在这里就不多占用篇幅了。现代管理理论起源于航天工程系统，在这个系统中，元素量极多，变化极快，边界条件清晰，其中调控起决定性作用。现代管理理论也基于系统论，即确定系统边界和系统中的元素，根据反馈依规律来调控系统，充分发挥各元素的活力，使系统处于动平衡、可持续发展。具体到城镇系统就是确定城镇的范围，研究其所在的自然生态系统的承载力，其中产业子系统和人力资源子系统的状态和潜力，根据客观规律进行宏观调控，激发各元素的活力达到动平衡，来保证城

市的可持续发展。

在客观规律尚未摸清时，要“摸着石头过河”，但也不是瞎子摸象，要有方向，即遵循普适的统计规律。笔者曾于 20 世纪 70 年代末在欧洲原子能联营，以蒙特卡罗法模拟无计算公式的多重弯管系统的流导，亲身体验了按统计规律求解与实验惊人一致的结果。

笔者于 1982 年引入“可持续发展”理念后，创立了（系统）可持续发展方程，其应用于城镇化表示为

$$S=\frac{\mathrm{GDP}\cdot R\cdot U_{\mathrm{R}}}{P\cdot(1-I_{\mathrm{h}})}$$

其中：S 为城镇系统的可持续发展程度指数，GDP 为生产总值，R 为地域自然生态系统中可用的自然资源量（包括合理输入），P 为人口总数量，I_{h} 为高技术产业比例，U_{R}为产业资源利用率。

方程表示：城市 GDP 越高，可利用自然资源量越大，产业资源利用率越高，可持续发展能力越强；反之，人口越多，资源消耗大和污染排放大的产业越多，可持续发展能力越弱。

笔者据此创建了资源系统工程管理新学科，是 2006 年教育部备案的“循环经济管理”二级新学科主干。

以下仅以笔者 1999 年倡建的统一管理城市水资源的水务局新管理体制为例，说明管理理论在城镇化中的应用。

联合国组织近年一再强调城市水资源是世界水资源问题中的重点，而管理又是城市水资源问题的核心。建立以流域为系统、水资源统一管理为指导思想的水务局城市水务管理体制，是工程水利向资源水利的转变，也是经济发展方式的转变。

（二）水务局的概念

水务局就是在城市区划内对防洪、水资源供需平衡和水生态环

境保护的城乡统一管理体制的执行机构。

1. 城市区域不是流域，为什么要由水务局来管

目前，国内外的城市区划都不以流域为基础，而目前的行政管理都以行政区划为基础。法国议会甚至讨论：过去的行政区划考虑的是战争，以河、山分界，今后应改为以流域分界。因此，在行政区划内尽可能大的范围内统一管理水资源，是现代资源系统工程管理的原则。

2. 为什么在城市区域内要城乡一体化统一管水

从未来趋势看，在城镇区划内城乡一体化是必然趋势，水是联系城乡的纽带，更要一体化管理。

从水资源系统来看，管水就是三件大事：防洪，保证水资源供需平衡，保护水生态系统。从这三件大事来看，都需要城乡一体化统一管理。

防洪显然需要城乡一体化管理。

当前城市范围不断扩大，与几十年前不同，上海和天津的主要水源地都不再在城区，仅从水源地保护和供水来看，就必须城乡统一管理才能保证供需平衡。

城区地域狭窄，人口密集，不能构成科学的生态圈，更谈不上生态平衡，因此必须城乡一体化考虑。北京和上海的上游污染都触目惊心，如果上游污染治理的水平与本地治理的水平不在一个数量级上，那么显然是事倍功半，或者根本达不到目的。因此不仅要城乡一体化管理，还要在此基础上统一与上游省区协调。

3. 水务局归什么口和名称并不是问题的核心

目前，困扰各城市成立水务局的重要问题是水务局应该归水利口、归农口、归城建口，还是归规划委口，其实这并不是问题的实质，可以因地制宜处理。当务之急是依法、依政府的“三定”方案进行水资源的统一管理。名称也不是主要问题，目前在国际上，如德国、荷兰也有叫水务委员会（water board）的，下设行政机构统一管理。

（三）当年大城市水资源管理的状况

当年，北京、上海和天津的水资源管理状况都是“多龙管水，政出多门”，如北京是水利局、地质矿产局、规划局、公用局、市政工程管理处和市环保局六龙管水；天津是水利局、公用局、市政局、地矿局和建委五龙管水；“水源地不管供水，供水的不管排水，排水的不管治污，治污的不管回用”；工作交叉，责任不清；政企不分，效益不佳；缺水由谁负责？水源和输水污染找谁？地面沉降如何解决？污水处理厂没有运行费怎么办？问题成堆，主要有：

1. 多龙管水，人为增加市政管理的难度

有的城市往往一件事涉及几个部门，涉及两个主管口，使得一位副市长决定不了，就要两位副市长协商，甚至要常务副市长或市长出面协调。同时，多龙管水也无法实现现代化的水资源网络联合调度。

2. 没有人对供需平衡负责

没人对水资源供需平衡负责，表现为：

① 京津沪供水水源地（或流域集雨面积）主要在上游省区，多龙管水，谁负责与上游省区统一交涉保证水源的质与量？谁负责补足京津沪可持续发展的供水缺口？北京地域原始生态系统并不缺

水，但人口压力造成了缺水，关键是没有统一管理。

② 多龙管水难以统筹利用水资源。如大水之年从防洪考虑当然是弃水保安全，但来年可能出现的大旱缺水则无人考虑。

3. 难以真正节水

多龙管水实际上政企不分，“卖水的自然想多卖”，“水价不到位，谁也不在乎跑冒滴漏”，因此，谁能真正负责节水呢？据当年调查，统一管理后，通过联合调度和厉行节约，北京每年至少可节约4亿立方米水；统一管理的水务局成立后的实际情况也证明了这种预测。

4. 无法有效控制污染

控制污染的基本原理是污染总量不能大于由江河湖库决定的纳污总量，而目前的纳污总量（是依水量而变的变量）由水利部门定，排污总量（是依生产周期而变的变量）由环保部门定，那么谁对枯水期排污高峰造成的水质急剧恶化负责？谁对突发事件负责？

5. 没有人考虑河道积累污染和地面沉降等环境生态问题

治理污染目前只是考虑减少现有污染量，但谁对已经积累的本底污染和由此产生的二次污染（在发达国家已成为最重要的问题）负责呢？发达国家现在都被河湖清淤（如莱茵河）所需的巨额投资困扰，我们一定要防患于未然。

因地下水超采引起的地面沉降也是同样的问题，北京市地下水下降漏斗面积不断扩大，漏斗中心已逼近东郊使馆区。天津塘沽的部分地区已低于海平面。这不是成立一个控沉办就能解决问题的，如果不统筹解决水资源供需平衡，局部超采地下水的问题就难以避免。

6. 无法建立统一的管理法规

东京、巴黎和柏林的经验都证明，由于水资源分属不同部门管理，很难出台统一的水资源管理法规。即使出台了，也因无执法主体而无法有效实施。

7. 无法定出合理的水价

目前各城市都在提水价，在20世纪50—60年代的巴黎与目前的北京、上海处于同一发展阶段时，水价提高10%，就节水5%。但是水价究竟提多少？提价后各部门如何分配？谁保证在提价后给用户提供更好的水？不统一管理，这些问题都无法解决，各大城市的群众都自备水源就是明证。事实上，自备水源依赖再制水、净水器、灌装水和瓶装水，目前均价近1元/升，不仅是不经济的，由于尚无系列标准，也是不科学、不卫生的。如果水价提到国际等比价（吨水价/月工资）以上，在条件好的城市就可由市政统一投入使自来水直饮。

8. 部门之间的协调是成立城市水务局的难点

在国外也曾经发生这种情况。水资源统一管理的基本原因就是水资源是短缺资源，因此要像稀缺的土地资源一样，必须统一管理。

9. 现有人员是否能担当这一重任是成立水务局的另一难点

在国外也同样曾被这一问题困扰，但这一问题可以通过人员重组、选拔、招聘、培训来解决。已经被国际经验所证明，机构改革正是解决这一问题的大好时机。

10. 尚无现行法规供水务局执行是成立水务局的又一难点

这一问题也曾在国外存在。这是一个鸡生蛋还是蛋生鸡的问题，看来还是水资源短缺产生了水务局这只鸡，再由它去生法规这个蛋。

(四) 水务局的职责

成立水务局就是要对水资源实行统一管理，为城镇可持续发展提供水资源保障，其职责不仅包括维护持续的水资源供需平衡，也包括抵御突变破坏——防洪和污染，还包括对水环境与生态的修复。

在统一管理的前提下，要建立三个补偿机制：谁耗费水量谁补偿，谁污染水质谁补偿，谁破坏水环境与生态谁补偿。同时，利用补偿建立三个恢复机制：保证水量的供需平衡，保证水质达到需求标准，保证水环境与生态达到要求。水务局就是这六个机制建设的执行者、运行的操作者和责任的承担者。

水务局是城镇可持续发展水资源保障的责任机构和水资源相关法规的执行机构。自来水厂和污水处理厂等单位则应该企业化，实行市场准入。水务局应按资源系统工程的矩阵法进行管理，如图 3-1 所示。

水务局局长对市长负责，对城市水资源统一调度，保障可持续利用和发展。水务局的具体职责是：

1. 水源地的建设与保护

负责本地水源地的建设与保护，负责监测上游供水的水质与水量，负责提出与上游水源地优势互补、共同可持续发展的方案。

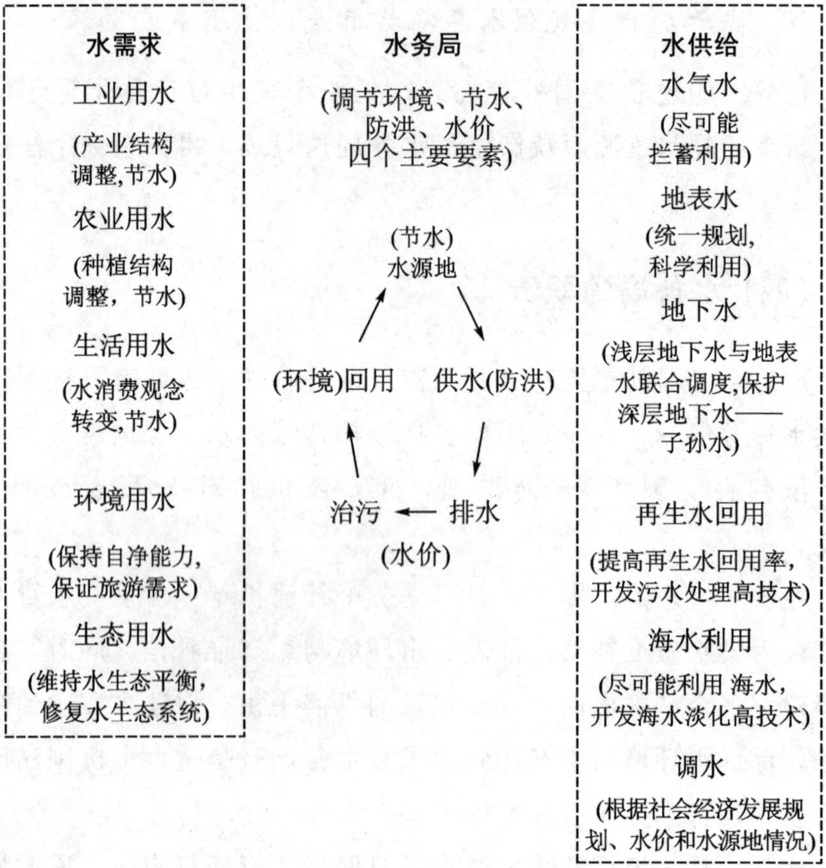

图 3-1　循环系统的矩阵管理

2. 供水（输水）的保证

负责对市内输水沿线的水质、水量的监测与保护，保证达到水质要求的水量进入自来水厂。

3. 排水的保证

保证城市排涝，保证污染物达标排放进入河道或污水处理厂。排水是供水的延伸，供水和排水统一管理是现代化城市水管理的基本经验。

4. 污染的处理

根据污染总量合理布局建立污水处理厂，并根据水供需平衡有偿提供达标的再生水回用量，提高污水利用率，使污水处理厂经济自持运行。大力开发治污技术，尤其是生物治理等高技术，制定污染突发事件应对方案。

5. 防　洪

防洪的指导思想是“以疏为主”，在城区河道扩建蓄滞洪区，还原自然河道；“以堵为辅”。

堤防建设达标，洪水年根据来年水平衡综合考虑决定弃水。

6. 水环境与生态

依据水功能区的划分要求，保护水环境与生态，对航运、旅游、养鱼等所有改变（破坏）水环境与生态的活动建立补偿恢复机制。

7. 节　水

制定行业、生活与环境用水定额，使之逐步达到贫水国际大都市标准，大力开发节水技术，尤其是高技术。

8. 水资源论证与环境影响评价

对市内所有重大项目和工程进行水资源论证和水环境影响评价，据此发放取水许可证，不达标的一票否决。

9. 水　价

建立合理的水价机制，做到优水优价，累进水价，不同用途不同价格。其中主要考虑水资源费、自来水厂成本利润、节水投入、污水处理厂运行费用。以水价为杠杆调控水资源优化配置。

10. 法规的建立

及时提出水资源管理的法规或条例草案，重点在于适度的罚则，经人大或政府批准后依法行政。

“水务局”是一种管理体制，能承担上述统一管理职能的实体就是水务局，形成“一龙管水，多龙治水”的局面，才能法规配套，有法可依；明确主体，有法必依；机构合理，执法必严；具有权威，违法必究；责任到人，究办必力。具体机构设置完全可以因地制宜。2000 年上海水务局率先成立，2002 年北京水务局成立，此后哈尔滨、西安和武汉等市的水务局相继成立。截至 2011 年底，全国实现水务一体化管理的县级以上行政区 1890 个，占 77.6%。

让城镇有足够的用水，让群众喝上好水，是城镇化必须解决好的问题。

五、新型城镇化理论的实践——建城不仅要征地，保水同样重要

新型城镇化不仅要征地，还要保水。对新老居民生活、产业发展和绿色城市的建设来说，保水可能更为重要。以下记述笔者参与的上海青草沙水库和桂林-阳朔生态水库组两个实践例证。

(一) 青草沙水库——让上海人民喝上好水

上海是全国第一大城市，2011 年人口达 2347 万，近年来城市

范围不断扩大，人口还在增加。

1. 上海供水水源态势

目前，上海城市供水水源主要有黄浦江上游水源、长江口边滩水源、内河及地下深井淡水水源。自20世纪80年代以来，上海以开发利用黄浦江上游水源为主。由于黄浦江处于太湖流域的下游，为敞开式河道直接取水，受上游污染影响，水质较差且不稳。目前，上海城市供水在黄浦江上游的取水总量超过多年平均流量的30％，已接近笔者在联合国教科文组织主持制定的40％的国际公认的警戒线。若进一步扩大黄浦江上游水源的取水规模，将导致上游水位降低，加剧中下游污水上溯，使水源水质恶化；同时可引起黄浦江河势变化，对黄浦江的水生态环境造成严重破坏。为此，作为城市供水水源，应有效控制黄浦江上游的取水总量，适度利用。

像所有大城市一样，上海人口集中，工业发达，用水量大，但地域狭小，自产水资源量很小，主要靠过境水资源。长江口淡水资源丰沛，占上海过境水资源总量的98.8％，水体自净能力较强，尤其是长江入海段十分宽阔，距岸3公里以上的中心地带水质相对稳定，基本符合饮用水水源水质要求。而且，上海城市供水在长江口的取水总量仅占多年入海最低流量的0.4％，对河口生态系统仅有微扰动，因此具有巨大的开发利用潜力。具体措施是在长江中心建青草沙水库。

2. 青草沙水库

青草沙水库是世界上最大的江河中心水库，是上海“十一五”期间投资额最大的单体工程，总投资达170亿元，利用上海附近仅有的长江中心水域优质水源改善上海饮用水水质，是关系上海民生和城市供水安全的“百年工程”。该设想于1990年提出，对于这一出奇的大胆设想，前10年基本处于讨论和准备阶段。2000年时笔者任全国节水办公室常务副主任、水利部水资源司司长，在上海市领导的全力支持下，主持制定上海水利局改组成水务局的水资源统一管理机构创新方案。水务局成立后对建青草沙水库的设想予以支持，使该项工作进入实施轨道，并持续努力，2007年在上海市委和市政府领导下，水库终于开始建设。经过建设者3年半时间的努力，2011年9月已投入使用，使上海入自来水厂的原水提高了一个等级，让上海人喝上了好水，北京几乎所有到上海出差的人都说：“上海的水没有漂白粉味了。”此工程2012年竣工，2020年达到设计规模。

青草沙水库依托长江中心的长兴岛，建在距长江入海口27公里的江心，总面积66.26平方公里，有效库容4.38亿立方米，咸潮期最高蓄水水位7.0米，运行常水位6.2米。这样一个大水库建在江心，在世界水库建设史上没有先例。

3. 青草沙水库方案实施的决定和意义

青草沙水库是个大胆的设想，其实施更是科学决策的结果，这一为城市保水的创举值得总结和借鉴。

(1) 工程分析“以人为本”是第一考虑

在一个工程规划的分析中要有施工条件、工程技术、经济成本和环境影响等多种考虑，但在这些考虑中，“以人为本”是第一位的，只要对人生活的生态系统在一定周期内不产生大的扰动，人的需求就是第一位的，施工有再大的困难也要克服。根据笔者实地考察的莱茵河、泰晤士河和塞纳河的国际经验，若根治长江中下游的水污染（包括地下水），把水质提高一个等级，至少需要 20～30 年的周期。现在的上海人应不应该在国家已经财力雄厚的情况下喝上好水呢？更何况还要影响后代。而长江中心的水就是上海附近最好的水源。上海人民以前的饮用水，原水水质是众所周知的，所以，像这样让上海人民喝上好水的工程是必须建设的。

(2) 多学科综合研究，科学分析生态影响

对《青草沙水源地原水工程规划》的一大质疑是生态影响，但对此要进行定量的科学分析：

首先，青草沙水库年设计供水量为 719 万立方米/天，仅为长江入海平均流量的约 0.4％。实际上，长江每年入海流量都不相同，从统计规律看，0.4％完全在正常波动范围内，不至对上海市海域生态系统有影响。

其次，长江在长兴岛青草沙处江面十分宽阔，而且本来就有崇明岛和长兴岛把长江分流，建库后，两边水道仍各有 3.5 公里的缓冲区，对河口生态系统与航运均不会有较大影响。

再次，工程内容包括在库前建人工湿地，使长兴岛湿地浅滩生态系统只是西移，并未减少，反而扩大了上海市的湿地生态系统。

(3) 城市水资源统一管理是兴建大工程的保证

2000 年成立了涉水事务统一管理的上海市水务局，改变了原有的九龙治水局面。如果没有这样一个全面职能的水管理机构为主导，从统一规划、各方协调、统一监测和统一实施等各个方面来看，这样庞大的工程是难以实施的。这一经验也值得城镇化中的城市管理借鉴。

青草沙水库的建成和运行，是城镇化使城市健康发展、居民安居乐业的典型事例，说明城镇化不仅要征地，还要保水。

(二)城镇水生态建设实例：桂林、阳朔兴建我国第一组生态型水库

城镇化需要大量用水，因此要建大坝、修水库，而国际上因建大坝破坏生态的呼声日益增高，许多有关大坝的会议都遭到各国示威者的抗议。那么应该如何解决这一问题呢？70万人的中等城市桂林和30万人的阳朔镇的实践给出了答案。

在国际上，一般认为修水库是破坏生态系统的，但2004年笔者却指导制定了第一组以修复生态为主要目的的水库建设规划方案。美国发行量第二大报《华尔街日报》记者问笔者："您们组织的桂林漓江水系规划的生态水库是世界第一个吗?"笔者回答说："这样规模的、以生态系统修复为主要目标的水库组，据我所知是世界第一个；瑞士有，目标不太明确，而且规模小。"

在漓江水系规划中提出生态修复、防洪和发展旅游业的多目标体系，但生态修复是第一位的。而且第一次提出了"以生态效益为目标，在科学发展观的循环经济思想指导下，生态规划、生态设计、生态施工、生态运行"的"五生"原则。

1. 什么是生态水库

当前，国际上不少人都把大坝和水库与破坏生态几乎画上了等号，因此，讨论什么是生态和有没有生态水库是十分必要的。

无论是自然还是人类的活动，引起生态系统的变化都既可能对生态系统的动平衡有利，又可能有害。如河流形成入海口三角洲冲积平原这一自然变化，适于人类居住和生产，大大提高了人口密度，因此就对人与自然大系统的平衡有利。其实，在最古老猿人头

骨发现地——肯尼亚的东非大裂谷，正是由于森林面积锐减，猿人需要直立行走和劳动取食，才从猿变到人，显然，如果将这一地区恢复原有的森林面积，反而是破坏了今天的生态平衡。

修水库一定会改变生态系统，但并不一定不利于生态系统的动平衡和可持续发展，反之，完全可能有利于这一动平衡和可持续发展，关键在于你以什么样的指导思想、在什么地方、以什么样的方式、修什么样的水库。所以，完全可能出现“生态水库”。

在桂林漓江修的水库就是要生态规划、生态设计、生态施工、生态运行，从而产生生态效益，因此它是生态水库。

2. 漓江上游修库补水的生态需求

桂林以上的漓江干流总长105公里，集雨2762平方公里，主要由干流上游的六洞河、川江、小榕江和桃花江等较大支流组成，集雨面积为1970平方公里，占上游总面积的71%。桂林市区以下至阳朔86公里江段是桂林漓江景区，以秀甲天下闻名于世，是仅次于北京、上海和西安的、外国游客在我国的第四位旅游选择目的地。2002年接待境内外游客分别为997万人和98万人，旅游总收入49.33亿元，占桂林全市地区生产总值的14%，如果考虑到拉动产业，则约占桂林地区总产值的1/3。

桂林地区平均年降雨量高达2000毫米，但年内分配极不均匀，80%集中在3—8月的6个月中，9月至次年2月仅占20%。年平均流量为133立方米/秒，多年平均最枯流量仅为10.8立方米/秒。

(1) 漓江补水的直接生态需求

漓江断流自古有之，但近年由于人类活动大量取水而显著加剧，人工补水是生态需求。至2003年，桂林以上的漓江总取水量常年维持在9立方米/秒以上，为新中国成立初期的6～8倍，使漓江在枯水期几近断流。

同时，在漓江枯水期，除游客减少带来的排污减少外，占主要部分的其他排污量不变，因此，枯水期漓江污染严重，没有足够的水量冲刷，将积累成本底污染，逐渐形成污染的内源，估计将在10～20年内使千年清江变浊，毁掉漓江。巴黎的塞纳河、伦敦的泰晤士河和德国的莱茵河段，在形成污染内源后倾力治理了30多年，至今水体仍为Ⅳ类，塞纳河中至今基本见不到鱼，不宜游泳，这给漓江敲响了警钟。

唯一的解决办法是在达标排放、污染处理的前提下修建调节水库给漓江补水，恢复和加强漓江自身的冲刷、稀释等生态修复能力。在枯水期应至少达到50立方米/秒以上的流量。

(2) 漓江补水的间接生态需求

在83公里的旅游航程，漓江每年平均有5个月仅能通航10～20公里，不仅大大减少了游客和旅游收入，还极大地影响了国际上认为的中国四大旅游胜地之一——桂林的旅游声誉。世界著名旅游胜地如巴黎、威尼斯和新加坡等地都是全年适游，桂林有同样的气候条件，却成了季节性旅游地。据估计，修库给漓江补水后可使直接旅游收入翻一番，这使得已有强烈生态保护意愿的桂林市政府有财力实施我们指导制定的水资源和生态保护规划。

(3) 防洪也是维系生态系统平衡

桂林漓江流域集水量大、高程差大、降雨集中、控制工程不足，历史洪峰最高流量达7810立方米/秒，平均每两年发生一次灾害性洪水，1949年和1998年的大洪水都使桂林市区近一半面积受淹，1998年受灾人口48.8万，直接经济损失达21.6亿元。

按照目前的规划，在上游修库与原有水库联合调度，可使桂林市百年一遇的洪峰流量7090立方米/秒削减至现有防洪堤安全泄量4850立方米/秒以下，补堤与修库结合可使桂林市的防洪能力达到百年一遇，维系生态系统平衡。

3. 水库的生态规划

所谓生态规划就是以修复被人类活动改变的生态系统为目的，尽可能扩大对生态系统输入的正能量，产生正效应，尽可能减少和补救对生态系统的负效应。人类活动加剧漓江断流，就应修库补水修复生态系统。总计生态补水量可达4.12亿立方米，可以使漓江枯水期流量达到60立方米/秒以上，实现生态补水复流，使水环境容量增大一倍。但规划要全面考虑各方面的生态因素。

(1) 以生态保护旅游区，将移民负效应减到最低

移民是修建水库最大的间接生态负效应，大量移民无论是就地上靠还是迁至他处，都给新地区带来了很大的生态负效应。但三库地区移民量很小，总计5541人，而且全部下撤至生态保护旅游区安置工作。

三库兴建后，在上游形成600平方公里的生态保护旅游区，下撤5541名农民全部在就近村落安置，加上安置后被占地农民共6000人。其中劳动力全部转为保护区职工，共约3500人，保护区平均6人/平方公里，符合国际标准，每年尚可接纳游客328万人·天，在桂林形成第二旅游区。即使上客率只有50%，年营业额也可达6亿元，足以使3500人就业，并大大提高他们的生活水平，而且可以还贷；同时，使上游地区得到更好的保护。

(2) 蓄水后流速变化，影响水质

在非泄水期，下游流速会有所降低，水温升高，影响水质；但

三库高程差均较大，下游河流仍将保持较高流速，影响不大。水库蓄水存在水温升高、水质变差的情况，但可维持在 8～12℃，影响不大；而且库区居民全部迁出，污染源消除，正负可以相抵。

(3) 淹没森林引起的大气变化

修坝建库如淹没森林，非但无法进行光合作用，反而还释放有害气体，是国外修水库的大问题。但三库地区淹没森林面积很小，总计为 30 平方公里，且已规划在放水前全部砍伐，可把这种负效应减到最小。

(4) 对洄游繁衍渔业的影响

水库的修建截断了洄游繁衍鱼类的通路，引起物种灭绝的隐患，这也是修水库的重大负效应。三库工程影响到倒刺鲃、白甲鱼和密鲴等几种鱼类，已用在坝侧修鱼道的方法解决。

(5) 泥沙问题

筑坝使库区泥沙淤积，但下游泥沙量减少。三库地区由于植被和土质的原因，泥沙含量很少，漓江素以水清著称，这个负效应很小。斧子口、小榕江和川江水库在运行 30 年后，淤沙分别占死库容的 32.3%、37.0%和 27.7%，水库分别在运行 90 年、80 年和 105 年后死库容才被淤满。

(6) 对自然与人文景观的影响

修库蓄水后改善了自然景观，只有茨林口遗址一处古迹，虽未列入文物保护目录，但也已列为专项搬迁。

(7) 可能引起的地质灾害

建库可能引起的大规模滑坡等地质灾害的可能性极小。

4. 水库的生态设计

在水库容量、功能和保护区设计上都要本着生态的原则。

(1) 水库取水量小于年径流量的40%，以减低生态负效应

修坝蓄水的最大直接生态负效应在于大量取水以后径流量的变化，下游地下水位降低，以致植被减少或消亡。据笔者在联合国主持制定的标准，取水小于年径流量40%时不至于有大的影响，斧子口、川江和小榕江三个库取水（指蓄满库容的高限）分别为39%、36%和31%。加上库区地处降雨量高达2000毫米的地区，负效应更小。

(2) 水库生态补水功能

三个生态水库与一般水库的不同之处在于除泄洪外，还要向下游正常输水，所以应设计相应的多条输水通道，尽量减少水量改变的生态影响。

(3) 采用涵洞连接三库

为了增强旅游功能，使三库相连是必要的，但通路不能采取盘山路，要以涵洞相连，这样可以最大限度地减少植被破坏，保持生态系统原貌。

5. 三库的生态施工

目前出现一种偏向，对兴修水库有两种极端的做法，一种是一概否定；另一种是一经批准就不文明施工，当然更谈不上生态施工了。不文明施工完全没有生态考虑，任意修施工道路，扩大施工面，破坏植被、堵塞河道，其实这些问题都是可以通过生态施工来解决的。

对三库的建设，提出了文明施工的具体要求：

(1) 尽可能少修施工道路

施工应尽可能利用原有道路，或兴修规划中的道路，一举两得；尽可能减少单纯为施工而修的道路，以保护植被。

(2) 尽可能减小作业面

不能一批准施工就满山乱挖，应规定作业面；妥善处理碎石，严禁堵塞河道，写入招标条款，违者罚款。

(3) 彻底清理库区

在施工中要彻底清理库区，清除一切内污染源，尤其是将被淹没的森林。

6. 水库的生态运行

对生态水来说，更为重要的是建成后的生态运行。

(1) 生态保护旅游区的管理

三库之所以能成为生态水库，关键在于对库区的生态保护区的管理。要建立专门机构，制定规章，派懂生态的专家领导，对移民职工要进行严格培训，创建自收自支的、市场经济新型事业单位。

(2) 形成六江、四库、四湖、一湿地的漓江水系科学调度

通过三库和一系列工程的建设，在桂林市、兴安县、灵川县、临桂县和阳朔县范围内构成漓江、川江、小榕江、甘棠江、桃花江和相思江六条江，青狮潭（已建成）、斧子口、川江和小榕江四个水库，桂林市内的杉湖、榕湖、桂湖和木龙湖四湖，相思江湿地一湿地。将它们构成一个水系，通过科学调度和优化配置来实现生态效益。

(3) 运行的关键是生态补水

对于保护区和水系，运行的关键是以现有的一系列生态标准为指导，科学蓄水、生态补水，保证做到：

① 确保三库全部蓄水为生态用水。

② 下游地区地下水位不降低。

③ 漓江枯水期保证最低 50～60 立方米/秒流量。

④ 对六江、四库、四湖和一湿地科学蓄水、科学互济、科学更替，保证江河不断流、湖泊不萎缩、湿地不干涸，水质均达到水功能区划标准。

⑤ 保证粮食种植面积不压缩，产量有所增加，农民收入有所提高。

通过生态规划、生态设计、生态施工和生态运行，最大限度地减小水库建设的负效应。桂林-阳朔生态水库组的建成在产生巨大的生态效益的同时，也产生了可观的经济效益，使经济循环与自然生态系统相和谐，并附着在自然生态系统良性循环之上，成为城镇化解决水问题的成功案例。

第四章　新型城镇化的循环经济路线

农业经济、传统工业经济和循环经济中的城镇化建设有其不同理念的指导，并走不同的路线。

农业经济的城镇建设是为皇帝、国王、贵族和大臣服务的，主要考虑的是建立政治中心，因此，易于防卫、取水便利和地势平坦是具体要求。要求地势平坦是为了交通便利和处于粮食产区。古都意大利的罗马、法国的巴黎、日本的东京、中国的北京以及这些国家的城镇都是本着这一原则建设的。

传统工业经济的城镇建设增加了工业产业发展的目标体系要求。城镇建设的目标是集中自然资源、劳力资源和资本来发展传统工业、钢铁产业，以形成区域性经济中心——城镇，如英国的伯明翰和美国的匹兹堡；还有以煤矿产业形成的城镇，如德国鲁尔区的城镇群和法国里尔区的城镇群。传统工业经济的城镇要求大量取水、交通便利，因此几乎都跨河或临河而建；要求集中大量自然资源，因此都在地势平坦、交通方便的地区建设；而防卫则已经成为了次要考虑。

发达国家的后工业化和发展中国家的新型工业化实质上是循环经济化。这一目标需要信息化带动工业化才能实现。以信息技术为首的新材料技术、新能源和可再生能源技术、生命科学技术、海洋科学技术、空间科学技术、有益于环境的高新技术和管理科学技术八大高技术群的产业化是循环经济的保障。循环经济的城镇建设有一个目标体系，走一条新的路线，生态城镇建设的目标就是构筑道路、电力热力、植被、水、信息和文化六大环网及一条产业链。

城镇实际上是一个人工生态系统，为经济发展集中了人力、物流和技术，密度之高，强度之大，都远远超过当地的生态系统承载能力，不可能在城镇范围内形成自持循环，要依靠外来输入。但是，在城镇内仍要形成生态循环，而且要形成良性循环，使输入大于或等于内耗，不能靠当地生态系统的蜕变发展城镇，把城镇造成一座“空中楼阁”。所以循环经济城镇建设的总目标就是把生态学的原理和方法应用于城镇发展的研究，把城镇建成社会阶层和谐、经济有效循环和生态系统良好的人类居住区域，即建设生态型城镇。

循环经济的生态型城镇建设的目标体系是构筑六个环网子系统，即道路环网、电力热力环网、绿环网、水环网、信息环网和文化环网，以及一条产业链。

一、道路环网

道路环网是城镇建设最早的基础，自古建城就要修路，甚至要先修路后建城，输送的是城镇的物流。

（一）城镇道路环网的历史

从农业经济时代起，城镇建设的首要任务就是建设道路，包括城镇系统中的道路，也包括城镇与其他城镇相连接的道路系统。以城镇内部的道路为例，中国古城的道路系统是垂直网格状的，符合以皇城为中心的政治要求，而且成为当时世界城镇建设的样板，为各国所仿效。美国建设纽约和华盛顿都采取了这种垂直网格状布局，纽约的东西向街道从南到北排列达140街之多。

到了传统工业经济时代，由于大量物资运输的需要，城镇建设开始改变不分主次的垂直网格状道路网，除原有皇宫前的主干道外，开始建设宽阔的主干道体系，并以原有广场为中心，呈放射状，奠定了现代城镇交通的基础。最早的是19世纪60年代法国拿破仑三世在巴黎旧街道上扩建的道路网。相比之下，北京城就是由于没有经历工业经济时代的道路网改造，没有车流分配的中心广场和放射状道路体系，故宫横在中央，造成目前旧城交通改造的巨大困难。

工业经济后期，第二次世界大战以后，西方国家以循环的现代理念为指导开始了城镇环形道路的建设。首先是巴黎自20世纪40年代末拆除了旧的环形城墙，于50年代初建设了快速环路，以后伦敦等世界大城镇也开始建设快速环路。

（二）车与路的问题

现代城镇的车辆是一个大问题，不少标准把千人轿车拥有量作为城镇现代化的标准，但是车多了又走不动，发生交通拥挤和堵塞，造成了城镇的大问题，不但发展中国家存在，发达国家也存在。那么以循环经济的观点如何分析这一问题呢？科学的标准是路车比，即城镇每公里道路上有多少车，车多路少，汽车则不成为汽车，变成了“牛车”。可以根据表4－1分析这个问题。

表4－1的统计是按标准路面双车道做的。实际上，每公里道路汽车保有量还是一个不够科学的概念，应该考虑到路面的宽度和道路的质量，如对于四车道的双向快速路，在统计时就应在长度上乘以4。

表 4-1 1999 年若干国家汽车与道路的状况

国 家	每千人汽车拥有量	每公里道路汽车保有量
美国	760	32
日本	560	61
德国	429	66
英国	418	67
法国	564	37
中国（2012 年）	89	30
俄罗斯	153	39
泰国	106	97
韩国	238	120

笔者多次到过上述国家，对其交通状况有个大概了解，从国家范围来讲，1 公里标准道路的汽车保有量达到 100 辆是个极限，在城市中的极限为 200 辆。超过这一阈值，也即在不到 5 米的道路上就有一辆车，交通必然拥挤堵塞，不但车速减慢，也使汽车失去其快捷、舒适的交通工具的基本特性；而且低速行驶使污染排放量快速增加，破坏城镇环境，因此必须限车。从表 4-1 中可以看出，日本、德国和英国的每公里道路汽车保有量都接近这一阈值，但这些国家户均汽车均超过 1 辆，平均有近半数车辆不开，根据这种实际情况，在计算每公里道路汽车数时，一般应除以 2，而我国情况则不同。10 年来，发达国家的车辆保有数基本稳定，路车比没有大的增加。而在我国，以北京为例，2012 年的机动车数量/道路比已达 520 万辆/2.2 万公里，即 236 辆/公里，也就是说大小车辆同时上路可把路面摆满而车辆之间只有几十公分的间隙。而且车辆上路率很

高，再加上外来车辆，已大大超过这一阈值，一旦有特殊情况出现，交通拥堵是必然的。在这种情况下应该征收特别税来限车，并以其收益修路，这样不仅使车流顺畅循环，而且在增车和修路之间形成良性循环，使城镇进入循环经济。2013 年我国可能成为世界上最大的汽车市场，上述问题应高度重视。

（三）快速环路为什么快不起来

城镇快速环路是一个发明，于 1921 年在德国柏林出现，叫阿维尼斯高速公路。快速环路是有其科学原理的，基本道理就是良性循环。为什么有的快速环路快不起来，甚至拥挤堵车呢？最主要的原因是没有按照基本原理修建。快速环路要求有慢车道、快车道、超车道、足够长的进出口车道和足够多的紧急停车带，如图 4 - 1 所示。只有按照这个原理修，车才能快速循环。

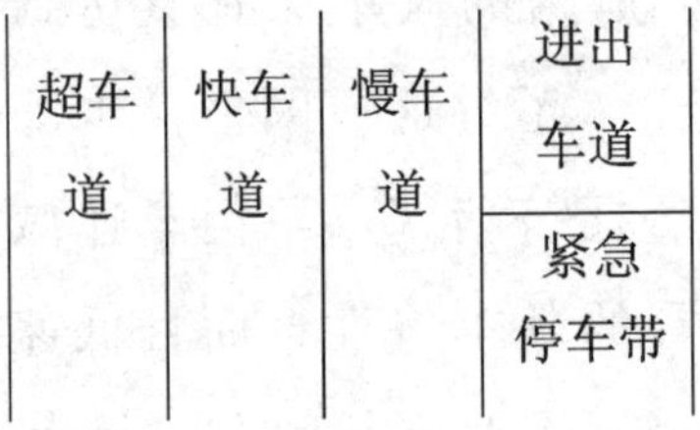

图 4 - 1　城镇快速环路车道分布图

如果不分快慢道，快车慢车挤在一起，自然走不快；如果不修超车道，则无法超车，也走不快；如果不修进出口车道，车辆进出必然减速，于是进出车辆压住慢车，慢车自然转入快车道压快车，也就快不起来了；如果不修足够的紧急停车带，坏一辆车就打乱了上述设计的良性循环。

有人说，在某些地段拆迁代价太大，或者文物保护，无法严格按照上述原则来修快速路，这是没有道理的。要修快速路就要符合上述循环原理来修，否则修的就不是快速路，而是“停车场”。

在国内外都有城镇违反上述规律修的“快速路”，结果是快速路达不到快速的功效。循环的客观规律是要尊重的，循环经济的客观规律也是要尊重的，来不得半点虚假，否则就是事与愿违。

德国慕尼黑大学在20世纪末已经设计出市中心是广场，然后是放射性道路，外围是一个最多两层环路的21世纪卫星城道路模式，得到各国的好评。

二、水环网

自古以来城镇就傍河而建，一是为取水，二是为运输。北京是世界上不以这种考虑为主要因素而建成的少数大城市之一，不少外国朋友到北京来都问：“北京为什么不临河？”其实在公元1151年金朝迁都北京时，是以今天宣武区的莲花池为中心的，这里距永定河很近。后来元朝灭金，把元大都向东北迁，一方面是由于当时称为“无定河”的永定河经常泛滥，所以选择了避水而建；另一方面由于城市扩大，莲花池水源不足，所以开始向西北寻找新水源。

（一）临水而建还是避水而建

今天的城镇建设应该临水，还是避水而建的问题，应该以循环经济的理念进行大系统分析，临水而建有如下原则：

① 临水建城在供排水和运输方面的收益大于修建抵御百年一遇洪水堤防的投入；

② 充分考虑活水流过城镇的生态效益；

③ 修建堤防的原则是不能造成“悬河”；

④ 临水而建的防洪措施不能是单一的修堤，要留下足够大的蓄滞洪区，在非汛期时蓄滞洪区用做公园、足球场或高尔夫球场。

(二) 保证足够的水面

水是基础性的自然资源，是生态系统的母体，城镇聚集了大量的居民，与依附自然生态系统的农村相比，极大地改变了人与水面的比例，为了保障城镇生态系统的良性循环和良好的生活环境，要像自然生态系统一样，尽可能保证一定的人均水面面积。参照国际经验，一般以 5 平方米/人以上（较大的自然河流应乘以生态效应的倍增系数）为宜，北京市在 20 世纪 50 年代初期约为 5 平方米/人，而现在仅为 1.5 平方米/人。

城镇水面有防沙、防尘（尤其是微颗粒），改变城镇小气候（尤其是避免城镇热岛效应），以及制造宜居环境等多重功能。城镇的水面建设应尽量利用再生水，再生水回用是缺水城市扩大水面的主要来源。

流水的生态效益大大高于死水，其大小取决于流经位置、河面大小和水量。伦敦、纽约和东京都靠海，柏林市区内有大片天然湖泊，从巴黎、罗马和莫斯科这三个内陆城市来看，从巴黎中心穿过的有塞纳河，从罗马中心穿过的有台伯河，从莫斯科中心穿过的有莫斯科河。穿城河流如果水质达标，即达到Ⅲ类，且流速大于 0.5 米/秒，则其 1 平方米水面的生态效益大于 10 平方米死水。

(三) 不能把城镇河流既当自来水管又当下水道

自古以来人们把河流既当做自来水管，又当做下水道。在农业经济时代的农村，由于地广人稀，又不使用化肥、农药，这种做法在生态系统承载力之内，利用了生态系统的自修复能力，是科学合理的。但是，在工业经济时代的城镇，尤其是在污染产业集中的城市，这样的做法就超出了生态系统的承载能力，是不科学的了。

因此在城镇水环网建设中，不但要有供水系统，还要有排水系统，即城市的静脉。巴黎在19世纪后半叶就建设了庞大的地下排水系统，在里面可以走马车，号称“地上一个巴黎，地下一个巴黎”。排水系统要集中排放污水，并远离自来水厂取水口，而且要根据河水流速具体计算河流的自净能力，科学设置排污口。如果需要，应把污水分散送至远处或海中，不临海的城镇就要提高污水处理标准，以保证城镇水环网的水质。

（四）高度重视看不见的水——地下水

城市水问题最容易忽略的是地下水，城镇地域也有一个包括地表水、土壤水、地下水的水生态系统，因此，城镇建设不能全面水泥化——“全面硬化”，破坏地表水和地下水之间的循环，隔断地下水来源。除了留出绿地以外，能用碎石、木屑替代水泥铺地的尽可能替代，不能替代的也要多用渗水砖。这样，不仅保证了水循环和具有防洪作用，还消除了全面硬化带来的城镇热岛效应。全面硬化是传统工业经济时代的城建观念，在循环经济理念指导下，发达国家已经开始转变这种观念，能不硬化的地面尽可能不硬化。

同时，目前我国一半的城市地下水污染较严重，以地下水为饮用水源的城市就更应实时监测，及时治理。

（五）城镇引水渠能不能衬砌

北京京密引水渠的衬砌曾引起了很大争议。下面以生态系统的观点来分析此问题。首先，引水渠并不是原有自然生态系统；其次，如果衬砌则既节约了用水，又能在城区扩大水面，是对原有自然生态系统的良好恢复，比不衬砌在郊区渠道渗漏的生态效益大得多；最后，人类的生存环境不可能不改变原有的自然生态系统，要求在任何一个局部地区都要达到最高生态效益，既是不可能的，也是不必要的，生态系统要达到的是系统平衡。

对于生态平衡的认识应强调其科学性，维持原始生态平衡是不可能的，因此这并不是可持续发展的目标。国内外城镇中都曾产生砌衬河道或运河是否破坏生态平衡的争论，这类问题的解决要做定量的应用系统分析，应计算城镇中可以有百分之几的河道衬砌而不会影响水生态平衡。国外在许多人工运河这类人工生态系统中都做了衬砌，因总量很小，所以也不会影响生态平衡。同时，城镇地表都不能全面硬化，水底更不能全面硬化，要严格控制硬化的比例。日本京都在公元 9 世纪建设护城河时已经明白了这个道理，在河底实行了分段局部补砌。人类的认识和实践同样是可持续发展的，为了进一步认识生态系统，当务之急是生态系统分析的定量化。

（六）再生水回用和分质供水

缺水是许多城镇的重要问题，用循环经济的理念解决这一问题的最重要途径之一就是再生水回用。在许多情况下再生水回用优于调水，这不仅符合循环经济的理念，投入还可能较少，而且是稳定的水源。如北京建成的水务循环企业（见本章七（三））。

从缺水的城镇大系统来看，应提倡分质供水，以促进水利用良性循环的实现。实际上，需要达到饮用水标准的只有饮食用水和洗浴用水；大量冲厕、洗车和浇花用水，再生水就可以满足。居民小区要想利用再生水回用，就要求分质供水，因此，建设分质供水系统是合理的。目前的问题是改造供水系统投入太大，可采取新区新系统、老区老系统的办法解决。对于老人、小孩容易混淆使用的问题，实际上通过宣传教育可以解决。

(七) 城镇水生态系统建设

城镇水生态系统建设就是要在城镇建设水系环网。目前我国各大城镇都开始了城镇水环网生态系统的建设。到2020年有可能把北京市的人均水面面积从目前的1.5平方米，提高到近4平方米。上海为了迎接2010年世界博览会，对黄浦江进行了全面治理。天津提出了把海河建成亚洲城市第一河的规划。

国内很多城镇把城镇防洪、城镇河道治理、水污染防治与城镇建设相结合，提出在城镇建设中营造水生态、水环境、水景观、水文化的思路。上海市的苏州河原来是一条主要的排污河道，污水横流，经过改造后，成为一处亮丽的景观，河道两侧的房地产已经升值，创造了可观的经济效益。北京远郊温榆河流域拟整治水环境建设高档住宅区的消息一经传出，当地的地价已经攀升，许多房地产开发商都表示了积极的投资意向。2000年，福建福州市闽江下游结合堤防建设整治了周围环境，北江滨大道的地价已从20万元/亩提高到商业服务用地210万元/亩，住宅建设用地130万元/亩；南江滨大道的地价已从15万元/亩提高到商业服务用地90万元/亩，住宅建设用地80万元/亩，粗略估计如上述土地的一半获得收益，如果将其增值部分的1/4投入水利部门，就大大超过国家两年给福州水利部门包括堤防建设的全部投资。

上述收益不能全进入房地产部门，水利部门也应该获益，关键在于政策调节。这些做法都是在循环经济理念指导下进行的，使城镇环网水生态系统建设与循环经济密切联系起来，成为有源之水，形成良性循环。

三、绿环网

对于城镇绿环网生态系统的建设，人类的认识也是有一个历史发展过程的。“毁林除草，青石铺地”曾是帝王初始建城的原则，一是显示自己的尊严，并把这种尊严体现在改造自然之上；二是防范敌人和刺客。不仅北京的故宫如此，巴黎的卢浮宫地面也全用巨石铺就，连一棵树也不留；日本东京的皇宫不但铲除了临墙的所有树木，还铺上了碎石，让寸草不生。但是，帝王也感到这并不是一个好的生活环境，于是开始建花园，早期的中国式花园、阿拉伯式花园、法国式花园和日本式花园都是极尽人工雕琢之能事，观感美丽，造价高昂，但生态效益不高。工业革命萌芽时期才在英国出现了生态型的英式花园，不多加人工修饰，利用自然环境保留天然树林和草地。

（一）城镇防护林带环

城镇防护林带的建设是从20世纪初才开始的，以俄罗斯莫斯科的防护林带环最为成功。笔者几次穿过，共三环，纵深达20公里，在很大程度上改变了处于大陆中央的莫斯科原有的、多风多沙的干燥气候，是人造防护林成功的范例。

当然，人工造林不等于简单地种树，要讲科学，要符合当地水生态系统的承载能力。莫斯科造林成功主要是恢复了原有林区；而且林区人口密度不太大，有较充足的生态水。与此情况相反，造林不成功的例子也不少。在笔者的百国城镇考察中，在西亚、北非和南美的缺水地区都看到缺水城市大搞“绿色形象工程”，在入城的公路两旁大规模造林，由于水源不足，或者抽地下水浇灌，造成地下水埋深下降，使得远处寸草不生；或者长成了永远长不大的“小老树”，几乎没有生态效益，反而破坏了原有的生态系统，留下了无知的记录。

人工造林要选择当地原生树种，形成乔、灌、草、森林生态系统。引入外来树种要经过实验，否则反而有可能破坏当地的森林生态系统。

（二）城镇绿地

城镇人口集中，人们生产和生活排出的大量二氧化碳，全要靠绿色植物的生化作用把二氧化碳还原为氧气，来保持城镇生态系统的良性循环，人类才得以在较好的环境里生存。所以保持一定量的人工绿地，是城镇生态系统的重要指标。按联合国环境规划署拟定的标准，城镇人均绿地应达到 50 平方米，北京现为 31.5 平方米，而华沙和柏林都超过 80 平方米。这里也有一个科学标准的问题，应该真正衡量其生态效益。城镇森林的统计应在城镇规划区之内，对于规划区外的森林统计，要乘以小于 1 的系数，该系数随距城镇中心的距离递减，公式为

$$S_{\text{等效}} = e(d)/\ S_{\text{外}}$$

其中：$S_{等效}$ 为城镇规划区外的森林面积等效值；$S_{外}$ 为城镇规划区外的森林面积；$e(d)$ 为等效系数，是所测森林与市中心距离 d 的函数，随距离增大而递减。华沙和柏林之所以人均绿地面积高，是因为城镇中心有大公园。

北京自2010年开始的50万亩规模的平原造林，即原市领导采纳笔者的建议，是解决这一问题的实际有力措施。

（三）北京该种树还是种草

在北京究竟应该种树还是种草的问题曾发生过较大争论。北京处于温带季风气候的半湿润地区，原有乔、灌、草相结合的植被，由于抽取地下水过多，地下水埋深连年下降，目前连半湿润地区的草地都难以维持。因此，北京的人工植被应该以耐旱树种和灌木为主，适当维持草地，同时要选择原有耐旱草种，这是最经济实效的绿化办法。

其实，最好的参照物就是当地原始的或次生的植被系统。从北京周边的山区来看，香山自1420年修建北京城大规模伐木毁林以来，近6个世纪未经较大的破坏而自然恢复，是比较典型的原始次生林，它是乔、灌、草相结合的植被系统，应该是北京修复生态系统的模式。

四、电力热力环网

电力热力环网是工业革命以后兴起的城镇网络，这是现代城镇必备的网络，输送的是城镇必不可少的正能量流，是城镇活力的保证。19世纪建设的城镇电力热力环网不考虑电热能的循环充分利用，今天从循环经济的理念出发，城镇电力热力环网的构建主要应遵循以下原则：

（一）尽可能利用可再生能源的原则

城镇电力热力网要尽可能利用太阳能、风能等可再生能源，包括给住宅安装太阳能转化装置。

（二）尽可能循环利用余热的原则

热电等工厂排出的冷却水要尽可能纳入供热系统利用，供暖系统要构成循环利用余热。如在大同采用的“大温差余热深度回收供热节能新技术”对供热系统的改造（见本章七（四））。

（三）修建抽水蓄能电站

供电峰谷差别大的城镇，应在有条件的地方修建抽水蓄能电站，在供电低谷蓄能、供电高峰输能，形成良性循环。

（四）电力热力网的统一规划

应在城镇总体规划的指导下做好电力热力网规划，应有预见性，统筹兼顾，一次完成，尽最大可能避免重复开挖。

五、信息环网

信息环网是现在城镇必备的环网。

（一）城镇信息化

农业经济时代的通信主要靠人输送，不少驿站发展为城镇。在工业经济时代自1876年美国人贝尔发明电话以来，城镇开始建电话线网；随后1906年美国人费森登发明无线广播；接着1936年在伦敦英国广播公司第一次播出高清晰度的电视图像时，电磁波网开始占据城镇天空；此后的有线电视网络和光纤网络又进入城镇地下，城镇从天上到地下布满了通信环网，传输着信息。今天，信息环网的健全已经成为一个现代城镇的标志，上网已经成为一个现代城镇居民的生活。

（二）城镇信息环网的功能与规划

在新型城镇化过程中，信息环网的功能是促进政府、企业和新老居民三方的交流与合作。城镇信息环网的功能不仅是与外界联络和为政府服务，还要充分考虑为企业和新老居民服务。应利用信息环网使政府做到政策透明、政务公开，以便于企业与新老居民监督；使企业的经营情况对员工和股民透明；对新老居民建立诚信记录制度，可利用网络查询，提高居民道德水平。许多发达国家小城镇利用信息环网的上述功能，使城镇的生活与发展公正、公平、清廉，有创造性，充满活力。

信息网络技术发展迅速，如果不在循环经济理念的指导下，以大城镇系统科学规划，就会造成今天把道路挖开铺热水管道，填埋以后，明天又挖开铺光纤的状况。不但造成巨大的浪费，而且使居民苦不堪言。

发达国家的大城镇采取一系列办法减少这种现象：首先是统一

规划，一次铺设；其次是对能够一次铺设但又分开进行的处以罚款；最后是限期完工，文明施工。

六、文化环网

文化传统是一个城镇的灵魂，现在是生态文明时代，文化是生态文明的核心。只有物质的高楼大厦和快速环路的城镇是一个没有特色、没有底蕴的非文明城镇。文化资源是一个城镇的可循环利用的资源，要大力保护、充分利用。自 20 世纪以来发达国家的城镇建设就高度重视这一点。

（一）修旧如故，保护文化古迹

古迹的意义在于让人继承传统、看到历史，如果以现代工艺重建则失去了价值。在法国巴黎，不仅保护教堂等文化古迹，而且规定所有沿街房屋的拆修必须保持外表和主结构的原貌，只允许在里面装修，这样，在现代化的进程中就可以保存法兰西文化。至于在古迹前加盖臆想的“古建筑”，则完全没有必要，反而破坏了古迹。按照世界自然与文化遗产委员会的规定，有添加物的古迹就失去了申请世界文化遗产的资格。

（二）北京的胡同和四合院能不能拆

目前在北京的旧城改造中，拆不拆胡同和四合院引起很大争论。实际上，巴黎早期的建筑大部分早被拆除了，保留的大都是 1850 年以后的建筑，这些建筑已经有上下水等现代化设施。而北京的拆建晚了100多年，因此北京要想成为一座现代化城镇，对建于200～300年前难以保存的胡同和四合院进行大规模拆建是必要的，但是对于好的胡同街区和四合院，则不应被利益驱动，要尽量保留。

在北京的拆建中也存在一个误区，就是要拆就拆一片，其中好的四合院也不予保留。原因一是这种保留降低土地利用率，从而减小开发商的利润；二是留下来“不伦不类”。为了保护文化，减小开发商的利润是必要的代价。实际上“不伦不类”的问题并不存在，日本东京由于土地私有的问题，在高楼大厦之间留下了不少日本式传统板屋，反而增加了城镇文化气息，让旅游者驻足，增加了城镇的旅游资源；至于开发商的利润，应该与文化价值做比较。

(三) 城镇要建出风格

拆不拆旧是城镇建设的问题，其实如何建新是更大的问题。“拆旧”拆掉了旧文化，“建新”要建出新文化。城镇建设雷同，是近年来城镇建设中的大问题。笔者曾在两天之内从东北的一个城市飞到西北的另一个城市开会，这本是两个极有特色的城市，但走在拆建以后的大街上，不看街牌几乎无法区分。欧洲城镇建设的成功之处不完全在于修旧如故，另一个重要原因在于充分发挥了规划师的集体创造力和居民的创见，建得各有新风格。保持生物多样性是生态系统的一个基本原则，它同样适用于城镇建设，城镇的独特风格是其对人才、资金的吸引力所在。

新风格的形成，尤其是标志性建筑物，一定要充分利用政府、企业和居民的三元参与，不能由大师提案、政府拍板，尤其不能由某个国外大师（不少请来的一般在业内已经落伍）决定。

（四）城镇要构筑文化网络

城镇的文化资源不仅要定点保护，还要筑成网络。申办2008年奥运会，巴黎就提出要在沿塞纳河的文化遗产组织赛场办一届文化的奥运；北京现在也提出“中轴线”申请联合国文化遗产。

城镇文化网络的建设多种多样，可以是一条街，如北京琉璃厂的文化街；可以是一个区域，如巴黎的拉丁文化区；还可以是沿历史轨迹的一个环，如北京从故宫、北海到圆明园、颐和园构成的“清史环”，沿环重点恢复一些历史遗迹，使文化资源整体升值，大力发展旅游这种循环产业。

各城市的文化网络可以链接成环，如北京的清史旅游环可延伸到河北的承德避暑山庄，以旅游业来替代承德当地的水稻种植业，增加北京的水源供应，实现跨资源系统的良性循环及大城市带动小城市、小城市保大城市的良性互动，使城镇化健康发展（见本章七（五））。

七、城镇的产业链循环

城镇的发展离不开产业，在农业经济时代，我国由于丝绸业的发展扩大了苏州和杭州等城镇；在工业经济时代，由于钢铁工业的发展形成了英国的伯明翰和美国的匹兹堡等城镇；在循环经济时代，就不能仅仅考虑城镇的优势产业外延性发展，而要以主产业构筑产业链的循环。

(一) 区域循环经济建立的原则

区域循环经济既要考虑经济全球化和国家循环经济的大循环，又要在区域互补共同发展的基础上，建立区域的子循环经济，还要把循环落实到企业层次。区域循环经济建立的基本原则是以土地、水和能源为基础性资源，按照促进生态系统良性循环来优化产业配置。土地资源按山地、平原、森林和草原分类；水资源以流域为基础；能源按太阳能、水能和风能等可再生资源和煤、石油等不可再生资源分类，并考虑国内外两种资源和两个市场。建立区域循环经济有如下主要原则：

1. 区域异构原则

区域异构原则也是区域经济发展的一般原则，区域经济发展应该发挥区域优势，经济、产业与产品结构不要与其他区域，尤其是相邻地区雷同。

例如，我国目前区域经济发展的同构现象十分严重，不论地区条件，高技术产业群起上信息技术产业，制造业群起上汽车工业，这是不符合区域异构、互补、耦合的循环经济原则的。信息化是必要的，但如都以信息产业为第一产业，那些没有基本条件的区域势必形成新的“大炼钢铁”式的城镇化。如果都以汽车业为第一支柱产业，有区域劣势的地区，势必在汽车利润降到合理值后在市场竞争中失败，巨大的投入就成了资源浪费。

在循环经济中，这一原则尤为重要，有其特殊的意义。因为循环经济是工业经济后期的经济，是大系统经济，因此，竞争十分激烈，如果区域的经济结构与其他地区相同，而又不依托区位优势，在竞争中势必处于下风。其实高技术不只是信息技术，而是分为信息、生命、新材料、新能源、海洋、空间、管理科学和有益于环境的高技术等八大方面，都可以选择。信息科学技术是新型工业化的先导，各区域都要发展，但不一定在各区域内都成为优先发展的产业。如在我国西部地区，人才短缺，精密制造业基础薄弱，以信息技术产业为首选显然并不合适。如果利用土地辽阔、日照时间长等区位优势发展太阳能和风能产业，就可能更为适宜。

2. 区域互补原则

在循环经济中，区域经济非但不宜与相邻区域同构，还应主动考虑与相邻地区在经济、产业和产品结构上互补，这样才能使国家经济大系统处于平衡发展状态，形成良性循环。

例如，当许多地区都以信息产业为优先选择时，其实存在着支撑信息产业发展的新材料产业的缺位，没有新型材料，我国的信息产业就很难在世界大市场中具有竞争能力。内蒙古自治区稀土资源丰富，且有一定的科研开发基础，因此发展新材料产业就有可能在循环经济中找到自己的优势产业。

3. 不可再生资源制约原则

区域经济发展必须注意到对一些不可移动、难于改变的资源的制约，不顾这种制约而硬上产业往往事倍功半，而且难以形成区域经济可持续发展。

土地是一种不可再生、不可移动、难以改变的资源，地域狭小的区域就不大可能发展大规模占地的产业。

水资源是一种难以大规模移动和改变的资源，深层地下水是不可再生资源，水资源短缺的区域就不能大规模发展高耗水产业。

气候资源是一种难以改变的资源，区域经济就不宜不顾当地日照和湿度条件盲目发展不适应地区条件的产业。

对于这类资源应以本地区资源循环使用为主。因为不仅这些不可再生资源难以进行市场调配，可再生资源长期依赖外地区也是不可靠的。因为如果调出资源地区经济发展了，将会利用更多资源而减少外调，这样，主要依赖外来资源的产业就成为无源之水。

4. 生态系统承载力原则

生态系统承载力原则是一条普适原则，对于国家经济同样适用，但是，它对地区经济具有更为重要的意义。因为区域的地域狭小，生态系统承载能力较低，而且一经摧毁很难恢复。在城镇的狭小地域内难以找出另一块区域替代，将会给区域经济造成灾难性的、无可挽回的后果。这条原则是区域经济发展之本。

5. 利用两种资源与两个市场的原则

在立足于本地区资源循环利用的基础上，区域经济发展也应考虑两种资源和两个市场。

所谓两种资源就是本地资源与外来资源，囿于本地资源发展经济的区域，其经济政策显然不适应经济全球化的大形势。应该在有一定预见性的前提下，充分利用外区域以至国外的矿产资源、能源、木材、农产品和畜产品发展相应的产业。

所谓两个市场就是区域内的市场和区域外的市场。这里所指的市场主要是销售市场，在经济全球化的趋势下，充分利用区域外以至国外市场，是区域经济发展的关键。但是，一般只有在上述区域经济原则基础上建立起来的优势产业的产品，才能持续占有区域外市场。

（二）形成产业链，发展静脉产业，构筑产业环

区域经济应首先形成产业链，同时发展静脉产业，构成产业环。

区域循环经济发展的关键在于形成产业链。高技术产业、新兴产业和改造的传统产业都可以分别构成产业链，也可以互相之间耦合构成产业链。

高技术产业、新兴产业和改造的传统产业之间构成耦合产业链的发展前途广阔。例如，改造的传统产业——集约式的养鸡场，可以把鸡粪便送到新产业——沼气电站，沼气电站可以把有机肥供给高技术产业——转基因的绿色蔬菜实验基地，而转基因的绿色蔬菜实验基地又可以向集约式的养鸡场提供绿色饲料。

传统工业经济的落后在于只有动脉产业，即利用原料生产产品，同时排出废弃物；而没有静脉产业，即回收废物再利用。新型城镇化循环经济在发展动脉产业的同时，应大力发展静脉产业，如再生水利用、余热利用和废矿渣造水泥等。静脉产业的发展已成为发达国家后工业化的主要任务之一，达到了相当的规模，在我国台湾也已建立了废物配送中心，收集各企业的废物，根据需要配送到需要的企业，尤其是新兴的静脉产业再利用。废物配送中心可以只是一个信息中心，发布废物分门别类的信息，由产生单位运送或利用单位自取。静脉产业不仅保护了环境，省去废物处理厂的投资与运行费用，而且产生了越来越大的效益，美国已出现再制造产业，其原料全利用废物，目前已达到千亿美元的规模。

（三）北京的循环水产业

根据笔者主持制定的《21世纪初期首都水资源可持续利用规划（2001—2005）》，要大力利用再生水，作为解决北京水资源短缺、保证供需平衡的重要手段。依照循环水产业的模式，北京建立了水务公司。

城镇循环水产业可以由经营性水库、自来水厂、供水公司、排水公司和污水处理厂构成一个封闭的产业链实现水资源循环，其产业模式如图4-2所示。

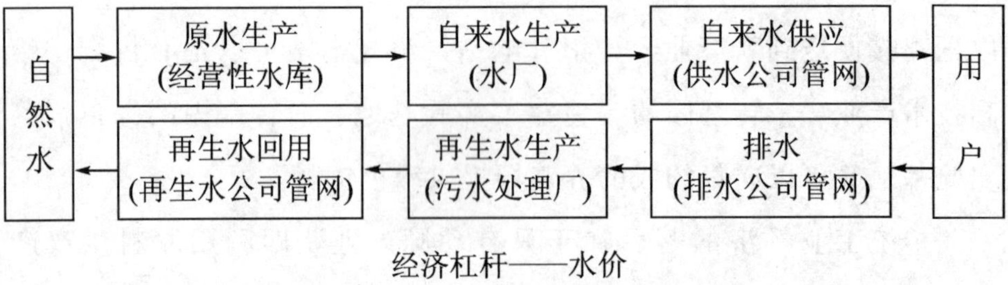

图4-2 循环水产业模式图

目前，北京水务集团已经依此模式建立（除密云和官厅水库等尚为事业单位），并已经构成水资源利用的循环。

水库可以成为经营型单位，但饮用水关系到居民的健康和生命安全，必须由政府制定严格的市场准入与监督检查的政策，条件不完全具备时，可先不实行，如北京。水库按优质优价卖给自来水厂原水，就有了积极性和经费来保护和扩大水源；自来水厂微利运行，就可以改进技术，更新设备；供水公司盈利就可以更新管网，治理跑冒滴漏，目前我国在许多城市缺水的情况下，输水的跑冒滴漏都达到输水总量的15%左右；政府通过宣传节水、推广节水器具和制订用水定额实行阶梯水价来促进居民节水，进而既推广了节水器具，又可催生新产业；建立排水公司把收集到的污水卖给污水处理厂，从而排水公司有积极性收集污水，并修补城市排水系统；污水处理厂成为企业，才能改变“处理 1 吨赔 1 吨钱”的现状，真正全时使用污水处理设备，污水处理厂再把经处理达标的再生水卖给再生水公司；再生水公司根据需要再处理卖给千家万户，从而构成了依附于水自然循环的水循环利用，真正做到人与自然和谐。

2001 年，由笔者指导在苏州水务局按照以上模式试点，取得了可喜的效果，政府使用很少的投资就还了苏州水乡天堂，水务局成立前后到过苏州的人都说：“苏州水乡大变样了。”

自 2001 年笔者作为规划实施协调小组常务副组长以来，亲历了北京再生水回用的过程，具体状况如表 4－2 所列。

表 4－2　北京再生水回用状况

类别＼年份	2001	2002	2003	2004	2005	2006	2007	2008	2009	2010	2011	2012
总用水量/亿立方米	38.9	34.6	35.8	34.6	34.5	34.3	34.8	35.1	35.5	35.2	36.0	36.5
再生水用量/亿立方米	0	少	2.1	2.0	2.6	3.6	5.0	6.0	6.5	6.8	7.0	7.5
占总用水/%	0	～1.0	5.9	5.8	7.5	10.5	14.4	17.1	18.3	19.3	19.4	20.6

从表 4－2 可以看出，自执行《21 世纪初期首都水资源可持续利用规划（2001—2005）》以来，北京从不使用再生水，到再生水利用占北京用水的 1/5。可以说正是这一举措，才保证了北京人口按水资源短板的阈值，从当时的 1800 万人增长到 2012 年末的

2069 万人。实际上 2001 年的北京人口是 1385 万，这 7.5 亿立方米水的增量，保证了 684 万人口的增长（新增常住人口人均用水量低于老居民），是城镇化的基本保障。

目前，北京再生水价格均在 1.5 元/吨以下，不到现民用水价的 40%，提高技术并以更大规模生产后还有降价的空间。

(四) 大同以热循环新技术改造供热系统，建设低碳城市

北方地区城镇供热能耗约占全国建筑总能耗的 40%，集中供热是城镇采暖的主要方式，也是建筑节能的重中之重。同时，热电厂排尘也是产生雾霾天气的主要原因之一。随着新型城镇化的实施，近年来热电联产已成为地方政府解决居民集中供热问题的主流方式。在北方已实行热电联产集中供热的大中型城市中，集中供热的发展普遍存在三个问题：

① 城市热源存在较大缺口，难以满足快速发展的城市供热需求；

② 热网输送能力受限于既有管网口径，输热能力不足；

③ 各种热源厂内仍有多种形式的低温余热未能充分利用，潜力很大。

我国传统电厂的发电效率平均在 35%左右，仍有相当一部分低品位能量通过烟气或凝汽器废热的形式排向大气环境，在造成严重能源浪费、加剧我国能源紧张局面的同时，也形成了严重的大气污染和温室效应。针对这部分废热，长期以来未有相应的有效手段加以回收，难以形成健康的能源循环利用体系。“大温差余热深度回收供热节能新技术”解决了热源效率与热网输送能力之间的基本矛盾。

1. “大温差余热深度回收供热节能新技术”

“大温差余热深度回收供热节能新技术”是“基于吸收式换热的余热回收技术”和“基于吸收式换热的超大温差供热技术”的有机结合。

该技术通过在热电厂、锅炉房等热源端配置吸收式余热回收专用机组，并在热网用户换热站端增设吸收式换热机组，实现一次热网回水温度的显著降低，从而更加彻底回收热源端各种形式的余热。相比常规的集中供热系统，该技术具备以下独特优势：

① 充分回收热源端各种形式的低温余热，可提高热源端的供热能力 30%以上，降低热电联产综合供热能耗约 40%；

② 可提高既有管网输送能力 50%～80%；

③ 对于燃气锅炉和燃机系统，可通过烟气冷凝换热进一步降低烟气中有害物质的排放；

④ 在不额外增加能源消耗的前提下增加系统供热能力，以不影响原有热源点的运行方式实现独立切换，使运行简单、安全可靠。

2. 大同市的供热节能改造需求

煤炭基地大同市的城市供热面积约为 4000 万平方米，其中主城区约为 2800 万平方米，主城区供热面积中有热电联产的供热面积约为 2000 万平方米。

2010 年 10 月，大同市政府经过多方论证，反复考察，积极采用北京循环经济促进会参加单位产业化的“大温差余热深度回收供热节能新技术”，回收大同第一热电厂 2×135 兆瓦热电机组乏气余热用于供热，实现电厂汽轮机乏气余热的回收；将电厂的供热能力提高 200 万平方米，在每个采暖季可回收余热的低位热值相当于节约7.5万吨标准煤，成为我国北方地区发展集中供热节能减排的“标志性工程”。华电大同第一热电厂运用这一技术的乏气余热利用示范工程，在不增加总燃煤量和不减少发电量的前提下，可提高电厂供热能力49%，降低供热能耗50%，冬季供暖污染物排放减少50%。

大同规划进一步采用“大温差余热深度回收供热节能新技术”充分挖掘电厂乏气余热供热潜力的技术路线。大唐云岗国际电厂2台200兆瓦和2台300兆瓦热电机组和大同第二发电厂1台600兆瓦热电机组均具有乏气余热利用改造的潜力。以上热电机组经过改造，2012—2013年采暖季可增加供热面积约1300万平方米，可节约标准煤约43万吨。2013—2015年通过进一步改造，可继续增加供热面积2200万平方米，年节约标准煤约80万吨。

这一技术在节能的同时，还可以减少采暖季城市污染物的集中排放，为本市和周边减少严重雾霾天气或降低等级做出有效的贡献，对这一技术进一步开发、提高和推广将成为新型城镇化路线图中的有效措施，以笔者为会长的全国第一个循环经济群众团体——北京循环经济促进会将为此不断努力。

(五) 承德与北京形成旅游环，发展旅游业

在《21世纪初期首都水资源可持续利用规划（2001—2005）》中包括开辟北京故宫—承德避暑山庄“清史游”旅游专线，发展旅游业。外国游客对中国历史了解得比较多、比较感兴趣的是清朝，267年的清朝历史，有1/3的重大事件都发生在承德。笔者2012年实地考察，承德的外国游客仍寥寥无几。北京2012年有外国游客434万人，如果通过得法、有力的宣传把来北京的外国游客吸引到

承德，即使只有1/10，也能够把40万外国游客拉到承德旅游。如果按每位游客在承德消费220美元（在北京的1/5）的收入计算，每年就是近1亿美元，接近上述规划对承德的工程总投入，以承德市区50万人口计，年人均GDP就增加1200元。因此小城镇化不能等、靠、要，而要培养自身的造血功能。同时，通过产业结构调整及其工程的实施，还可以把劳动力转移到旅游服务业等第三产业上来，从而减少剩余劳动力乱采乱挖、破坏山林而影响北京水源的行为。这些创新措施在2001年国务院总理办公会议上得到多位国务院领导的赞赏。

实现这个计划，重要的不是大建新的宾馆、饭店，而是科学规划，采取有效措施：

① 修复当年清朝皇帝去热河避暑山庄沿途的6个驿站，还原历史旧貌，吸引游客，而且形成旅游环使游客在承德过夜。

② 熟悉国际规范，提高现有宾馆、饭店的软件水平。规范服务，如按国际潮流，客房中不摆一次性用具。

③ 充分利用“热河避暑山庄”是世界文化遗产（当年笔者任世界自然与文化遗产委员会中国代表时通过）而在国内各大旅游点和国际上做宣传。

④ 编制一本符合国际惯例的英文旅游手册介绍承德，充分发挥地区优势。

⑤ 为游客建立北京至承德往返的一条龙便捷服务机构。

八、城乡一体化建设

城镇是人类加工的生态系统，它叠加在所在地域的自然生态系统之上，而城镇所在地域往往构不成单独的自然生态系统，只是自然生态系统（如流域）的一部分，其余地区则是广大农村。城市不仅要依靠农村提供资源、农产品和劳动力，还要依赖周边农村维系所在的生态系统。因此，新农村建设，尤其是城市周边的新农村建设对新型城镇化是有力的支撑。以下仅以新农村成为城镇生态保护带以构成城乡生态一体化为例，来说明新农村建设中应注意的几个方面。

（一）小流域建设

陆地生态系统基本上是以河流流域为分界的，对于广大农村来说，小流域建设十分重要。

已经总结的小流域治理经验是“山、水、田、林、路统一规划”。土地和水是生态系统的基础资源，森林是陆地生态系统的主体，而田和路是人对自然生态系统的最大改变，这些都是分析生态系统的要素，如再加上“村”，变成“山、水、田、林、路、村统一规划”就更为全面了。

小流域治理规划的生态原则是：

① 耕地的利用尽可能利用平原；不仅要保护森林，还要保护山地植被的乔灌草系统；梯田垦殖经济效益低，生态破坏大。有条件的地方可以在山上种植经济林。

② 据联合国的统计分析，在温带地区，在人口密度很大的条件下，一般森林覆盖率保持在25%～30%就能使自然生态系统良性循环。为城镇而过度扩大森林会造成城乡不和谐。

同时，扩大森林覆盖率必须考虑水资源承载能力。

③ 修路建村都要尽可能节约土地资源，对公路、铁路、高速公

路和机场等占地基础设施要统筹考虑，不能重复建设。

④ 对耕地面积实行总量控制，不能任意征地，要保证全国耕地总量红线和农民权益。

（二）污染的面源治理

我国水与土壤的污染问题，以前集中在城镇大型工矿企业的点源，自 20 世纪 80 年代以来，由于化肥与农药的大量使用和乡村企业及养殖业的高速发展，广大农村地区的面源污染迅速增加，目前已达我国水污染总量的 40％以上，值得高度重视。

治理面源污染是循环经济农村建设的当务之急，否则历史上的青山绿水和鱼米之乡将不复存在，主要有以下具体措施：

① 大力促进有机肥料的使用。在有条件的地区，适当提高化肥价格，促进人畜粪便和河泥等有机肥料的使用。尤其是要推广沼气灶代柴草，这样不仅保护了植被，而且同时生产有机肥料，可在农村形成良性的生态循环。

② 将提高化肥价格的收益投入到少污染和无污染化肥的研究和开发中去。

③ 提倡家畜、家禽的规模饲养，统一处理粪便，这样不仅减少污染，而且还可以生产有机肥料。

（三）留过渡带的原则

在我国西部缺水地区的乡村生态建设，要用循环经济的理念，以水资源的承载能力为依据，实行“宜林则林，宜灌则灌，宜草则草，宜荒则荒”的原则，保护绿洲与沙漠之间的过渡带。

目前，在我国西部地区，可垦荒地已经很少。所谓的“开荒”，大部分都是破坏具有重要生态功能的沙漠与绿洲之间的过渡带。笔者曾在新疆农场当拖拉机手，有亲身经历。长着草和灌木等固土植物的过渡带，在人看来是等待开垦的处女地。开荒播种以后，只要有水浇，就有不错的收成。但是，如果第二年雪水融化减少，无水可浇，被开垦的土地就开始荒漠化。由于种植使地下水埋深降低，灌木和草再也不会长出来，两三年以后，土地就开始沙化。土地沙化以后，有水也无法种植，沙漠就扩大，侵入绿洲，使绿洲缩小。这就是不懂过渡带的生态功能而盲目开荒受到的大自然惩罚。

如果违背这条科学规律，再去开垦新的荒地，就造成沙进人退，以至丧失了自己的家园。同时，使城镇失去过渡的保护带，沙漠直接威胁城镇，历史上在丝绸之路中一度繁荣的楼兰、精绝和尼雅等古国的消亡，最大可能的原因就是上述情况造成的。

在沙漠中造绿洲要学习、认识、遵循客观规律，要由小到大，由近到远，其成功与否不是十年二十年能确定的，最重要的监测指标就是在扩绿洲的过程中地下水埋深一直不降低，否则就是昙花一现。

（四）留一片净土的原则

目前，人类活动已遍及地球陆地面积的83%（指每平方公里多于1人的地区），从循环经济的理念出发，应该像保护文物一样，保护有价值的自然遗产——“绿宝”，保护像长江源、长白山和阿尔泰山这类人迹罕至的地区，给自然生态系统留下原始风貌，留一方净土。这些地区不仅保留着稀有物种，还有调节气候等重要作用，更为重要的是使人能够看到原生的自然生态系统，认真研究其客观规律，指导生态修复，这对城镇人工生态系统具有重要的参照意义。

联合国教科文组织世界自然与文化遗产委员会自1979年开始了把自然遗产选入《世界遗产名录》的活动，此后又与联合国环境署开展了自然保护区建立的活动，大大促进了广大乡村地区的自然遗产保护。这也应该成为我国新农村建设的重要内容。

（五）塔里木河下游英苏村——乡村生态系统恢复实例

自1972年以来，塔里木河自新疆维吾尔自治区尉犁县大西海子水库以下已断流近30年，2001年2月28日，朱镕基总理亲自主持国务院总理办公会议，通过了笔者主持以生态系统建设、可持续发展思想指导制定的《塔里木河流域综合治理规划》，3月2日《人民日报》作了报道。

自2001年11月起陆续向下游输水2.5亿立方米，其效果如何呢？2002年9月8日，笔者去新疆尉犁县塔里木河下游荒漠中的英苏村（距大西海子水库68公里）看了两次输水后的生态效果，简况如下。

1. 1972年兵团修库截流以前60年的状况

据世代在这一带居住的109岁的维吾尔族老人阿不提·贾拉里（2000年作为世纪老人在京受到江泽民主席接见）说，英苏是一个（典型的）荒漠绿洲，塔里木河在此转弯（形成小河套）形成一个约3×2平方公里的小森林（生态系统），有一个20多户的维吾尔族英苏小村。

植被有乔——较密的胡杨林、灌——很密的红柳、草——茂密得可放牧。

野生动物有鹿、黄羊、狼、野兔，形成群落，长期生存。

地下水位高，挖几米即可出水，从胡杨林的生长需求看，地下水埋深小于 7 米。

2. 输水前的情况

林区蜕化为半荒漠地区，胡杨枯、红柳少且干黄，草近绝迹。

野生动物群落绝迹，偶尔出现外来黄羊。

地下水埋深降到 12～13 米。

3. 输水后的情况

胡杨有新芽，绿柳返绿，草在输水河床上成片长出。

野生动物中较多见到黄羊和野兔。

地下水埋深平均 7.8 米，最高 4.5 米。

阿不提·贾拉里老人说："江主席给放水，我们搬回来了"。

4. 恢复河流预期状况

根据《塔里木河流域综合治理规划》，如能做到自 2002 年起塔里木河至英苏村段不断流，到 2005 年底，沿河约 2×1 平方公里的小森林生态系统可望恢复。

预期胡杨复苏并新生；红柳大大增加；土地沙化将被遏制，草地可望恢复。

野生动物中除鹿的情况不明外，均可望恢复群落，长期生存。

居民中近 20 户的农牧小村可望恢复。

目前这些预期均已实现。以这个小村为例，可以看到新乡村建设的大问题：一个生态系统，即使是很脆弱的生态系统，也有很强的自我修复能力，没有被人类彻底摧毁的生态系统，通过人类的保护与建设而逐步恢复是完全可能的。同时，更应该看到，生态系统的恢复不是一朝一夕能够实现的，而是一个长期的过程，一般比其被破坏来得慢，其代价也比破坏时的“受益”大得多。因此，维护农村的生态系统，不要“先破坏，后建设”，这是人类近百年来取得的宝贵经验。

第五章　北京世界城市建设研究

北京提出建设世界城市的发展新目标，上海也提出建设国际大都市的新目标，这也是在新型城镇化中大城市建设的新课题。

应以科学发展观认识建设世界城市和国际大都市：

首先是“以人为本”——这不是权威的评判，而是世界人民主流的感受；不是抽象的理论，而是居民的不断创新；不是空洞的标准，而是新老居民的实惠。

其次是“可持续发展”——就是以都市资源的可持续利用，保障都市的可持续发展；以经济发展方式的转变，实现经济社会的可持续发展；以日益增加的国际组织总部、国际会议和展览促进国际化与时俱进。

一、北京建设世界城市的理念

北京建设世界城市，当然要有中国特色，但是不能只有特色，还要对现有世界城市进行深入研究，要符合国际共识，扬长避短。

（一）什么是世界城市

近年来，随着经济全球化，“世界城市”渐渐为大家熟悉。据笔者在联合国工作的经历，没有一个国际组织对世界城市的概念提出过相关标准，因为“世界城市”本身是一个非平衡态超复杂巨系统，还不能用计算机建模来描述。从本质上讲，世界城市是世界人民心目中的印象。

从科学发展观的角度看来，建设北京世界城市有三个方面的含义：第一，以北京生态系统的永续支撑，保障北京的可持续发展；第二，以经济发展方式的转变，实现经济社会的可持续发展；第三，以日益增多的国际组织总部和国际高端人才的落户，保障国际化与时俱进，从而给北京人民以实惠，使北京作为中国的窗口在世界上发挥更大的作用。

“世界城市”的概念可以考虑为：“是在世界政治、经济、文化和思想领域具有重要影响力，发挥着不可替代的独特作用，在生产上达到较高水平，在生活上舒适、便利，在生态上良好、宜居，聚集国际高端组织、企业总部和高端人才的国际化大都市。”从国际化看，世界城市的客观标准可以用三“地”描述：一是国际旅游者的目的地；二是有影响国际机构的选择地；三是国际组织官员退休后的居住地，如大多数国际官员退休后首选在巴黎居住。这三条不仅是客观的评价标准，也是“以人为本”的体现，因为它给这个城市和国家带来巨大的实际利益，是世界人民的向往，也是北京市人民的需要。

尽管对于“世界城市”并没有国际组织提出的、权威的衡量标准，但是实际建设世界城市时还是有必要提出一个目标体系，而且要与“科技北京、人文北京、绿色北京”的目标相结合。在这里提出四大目标：知识、科技的生产结构——科技北京；人文宜居的生活环境——人文北京；绿色、协调的生态系统——绿色北京；世界交流的关键结点——国际大都市。可以以这四大目标为子系统建立一个科学的、具体的、符合实际的指标体系。

知识、科技的生产结构的中心是转变经济发展方式。那么如何转变？需要实施知识经济。这在世界上已经达成共识。早在1998年，知识经济已经被北京市政府定为北京经济发展的方向。什么是人文宜居的生活环境？应该建设六网一链——道路网、水网、绿网、信息网、电力热力网、文化网和一条循环经济的产业链。

要想成为像纽约、巴黎、伦敦和东京一样的世界城市，北京还有很多不足之处，这主要不在人均GDP、高楼大厦和环形道路方面，而在绿色、协调的生态系统和国际总部、高端人才落户，即世界交流的关键节点方面。

(二) 历史上的美丽北京

历史上的北京是个美丽的水乡。今天的北京与世界城市的最大差距在于以自然生态系统为基础的宜居环境，其中水生态系统又是最主要的问题。

水是生命之源，北京缺水，所以急需解决生活、生产和生态用水三个问题。如果北京只从事高技术生产，全部保证居民用水，尽管北京现在还不是一个现代城市的结构，但将来是有可能做到的。北京水问题的关键在于水环境和水生态问题。十八大提出“把生态文明建设放在突出地位”，对于北京城市的可持续发展，这同样是最突出的问题。在北京，“给自然留下更多修复空间……给子孙后代留下天蓝、地绿、水净的美好家园”，让人民“有更舒适的居住条件、更优美的环境”，同样是最重要的任务。

现在，北京地域的用水人口从1949年的220万，增加到2400万以上，增加了11倍，使北京的水环境与水生态系统不堪重负。加上自1860年八国联军火烧圆明园直至1980年代，120年六代人的时间，战争破坏、人为砍伐、填埋湿地、过度取水，到20世纪80年代初，北京地域已经形成河流断流、湿地消失、池塘干涸、平原森林和城市绿地不复存在、地下水位下降严重到北部土壤沙化的生态危机状态。自1990年代起，尤其是2001年《21世纪初期首都水资源可持续利用规划（2001—2005)》的制定和实施以来，对北京水生态系统修复做了大量工作，取得了一定成绩，但仍然任重道远。

水生态系统属于钱学森先生提出的"非平衡态超复杂巨系统"，直至目前还不能建立数学模型以计算机求解，现有的计算机无论从容量还是速度上都无法容纳数量巨大的变量，也无法适应瞬息万变的状态。因此，建设良好的北京水生态系统——美丽北京，只能靠追溯北京历史上的水生态系统，同时，借鉴同纬度、降雨量和地形与北京相近的地球上同类良好的水生态系统，对北京予以科学的保护和修复。

1. 北京的河流

北京有五大水系，从东到西为蓟运河水系、潮白河水系、北运（温榆）河水系、永定河水系和拒马河水系，五大水系的干流都是从西北向东南，总跨度约为100公里。

蓟运河水系主要为在平谷的泃河和错河，上游有海子水库（金海湖）控制，流域1224平方公里，占北京面积7.5%。泃河源自天津蓟县和河北兴隆，在京内长66公里，流量24.5立方米/秒，年径流量7.4亿立方米，属于中小河流，断流严重。错河是泃河的主要支流。平谷区正是在两河交汇处兴起。

潮白河水系是北京的主水系，由源自河北承德的潮河和源自河北赤城的白河汇成，进入密云水库，是北京的主水源地。出密云水库后汇为潮白河，经怀柔和顺义流出，控制水库有密云水库和怀柔水库等水库，流域面积5613平方公里，占北京面积34.2%。潮河在京长度72公里，流域约2000平方公里。白河在京流量约为9立方米/秒，潮河为12立方米/秒，已是涓涓细流，而且出现断流。

北运（温榆）河水系是北京最主要的水系，也是唯一发源于北京的水系。主要包括温榆河、北运河、沙河、清河和通惠河等河流。控制水库有十三陵水库、沙河水库和上库水库等。流域包括昌平、顺义、朝阳、海淀、通州、大兴和丰台等地，面积4293平方公里，占北京面积的26.2%，流域人口占北京人口的70%。主河道在通州，通州以上称温榆河，通州以下称北运河，共长140公里（温榆河90公里）。温榆河流量为3.56立方米/秒，北运河流量为8.1立方米/秒，现在看到的是涓涓细流，是目前北京唯一的主河道基本未断流河流。但以流量最大的北运河来说，年径流量仅为2.5亿立方米，也属于小河。

永定河水系是北京曾经赖以建城的水系，主干发源于河北张家口，上游称桑干河，入京前有官厅水库控制，官厅水库为北京两大水库之一，但现已基本失去提供饮用水的功能。永定河在北京境内有清水河、妫水河、团河和凉水河等河流汇入主干，自1980年起全线断流，有水段流量仅为0.98立方米/秒，若恢复，年需水1.3亿立方米。永定河在北京长187公里，流域3168平方公里，占北京面积的19.3%。

大清河水系在北京房山，主干为拒马河，有大石河等河流汇入，主干在京长61公里，流域426平方公里，占北京面积的2.6%，是北京水流最多的河流，全线控制水库不足，是泛滥造成洪灾可能性最大的河流。

2. 北京的湿地和泉

笔者曾任中国常驻联合国教科文代表团二把手，经国内外湿地调研，笔者在1990年撰写申报我国参加《国际重要湿地公约》的方案被批准后，在巴黎参加签署该公约。

在1860年北京水生态系统遭到大规模破坏以前，现北京地域大约有19万公顷湿地，约占总面积的11.5%，占平原地区面积的30%以上，北京曾是水乡，已达到目前世界上湿地生态系统较好国家如美国、巴西和白俄罗斯的水平，这也是中国历代执政者在北京建都的重要原因。

100年来，北京湿地的递减状况是：1960年为12万公顷，占北京面积的7.3%；1980年减为7.5万公顷，占北京面积的4.6%；到2012年北京有1916块湿地，共5.14万公顷，仅占北京面积的3.1%，大大低于6%的世界平均水平，北京已不再是水乡，而与干旱城市为伍。而且，其中天然湿地仅占46.4%，生态功能大打折扣的人工湿地占到53.6%；同时，绝大部分湿地水深的年际变化在1～2米，符合优良湿地生态系统的国际标准。

1860年以前，北京内外城不但有什刹海、北海、中海、南海、陶然亭和龙潭湖等大片湿地，在近郊更有大片符合现代国际标准的湿地。

历史上，北京东北郊有金盏淀（今天的金盏乡）、汉石桥湿地（今天的汉石桥水库），面积均在2平方公里左右。东南的延芳淀（大羊坊）超200平方公里，有大片芦苇荡，天鹅成群，大雁和野鸭栖息；元朝末年，水量减少，分成五六个小湖，至1860年消失。东郊有郊淀（今天的大、小郊亭分在淀的两边），面积在10平方公里左右。东郊五环以内的水碓湖（今天的水碓子）、麦子淀（今天的麦子店）和将台洼（今天的将台路地区），大大小小的湿地面积都在1公顷至0.5平方公里之间。直到1960年代，在朝外大街至工人体育场之间的小村前都还有几亩地的池塘。

南郊有京郊最大的湿地——南海子，在14世纪初，从丰台到大兴的水面有210平方公里，水深超过2米，是十分典型和标准的湿地，不但风景秀丽，而且对调节北京气候起到了重要作用；直至1780年还有100平方公里；到1950年仅剩7平方公里，水深还有1.5米；1965年更只剩0.6平方公里，水深只有1米。

北京北郊也是水乡，最大的是现在的奥林匹克公园所在地（原来的洼里乡），面积达10平方公里以上，湿地与湖泊相连，水最深处超过20米，湿地与沙底滤水，是清河之所以清的重要原因。至今留下芦村、苇子坑和南、北沙滩的地名。

北京西郊更是湿地纵横，也是皇家园林建于西北郊、“京西稻”产于西北郊的原因。新中国成立前北京烤鸭用的鸭子，也多产于香山脚下的湿地。当年的湿地包括圆明园的福海和颐和园的昆明湖，西起香山、东至海淀、北自昆明湖、南到蓝淀（今天的蓝淀厂），面积亦近200平方公里。湿地、湖泊与河流相连，船舶如梭，至今留下北坞、中坞和南坞等地名。

由于历史上的北京河流纵横、湿地遍布，所以地下水埋深很浅，也保护了深层地下水，因此北京曾是泉城。在20世纪50年代，北京还有泉1347眼，为“泉城”济南的十多倍。北京西北的香山、玉泉山都有泉多眼。万泉河由泉水形成，仅泉宗庙中就有32眼泉。北郊洼里也有泉，至今还有双泉堡的地名。在北京最早建都的金中都，就是因为西南莲花池一带有泉而建。南郊的南海子，据清代的不完全统计就有泉100多眼。

直到1950年，北京内城区有些胡同居民的用水还依靠井水，当时内城地下水埋深仅3～5米，至今留下三眼井、二眼井、七眼井和王府井等许多地名。20世纪50年代初，笔者亲见北京建设施工打地基，挖3～5米就出水，要抽水才能施工。到了90年代，许多工地包括王府井施工挖出来史前人类遗迹，达20米深，仍不见水。

目前北京也制定规划，到2015年再建15处湿地公园，恢复湿地4824公顷，使北京湿地增加到5.62万公顷，占北京面积的3.43%。宜制定规划到2020年使北京湿地面积达到4%，2030年达到6%的世界平均水平，使北京重新出现泉涌。

二、北京与四大世界城市的比较

没有任何一个国际组织对“世界城市”的概念提出过相关标准，也没有真正地定义过哪些国家是世界城市。但是，在国际共识中，普遍把巴黎、纽约、伦敦、东京视为四大“世界城市”。

北京在一些主要参数方面与四大世界城市的比较结果如表5-1所列。

从表5-1可以看出，北京具有建设世界城市的基础。但是，作为与巴黎、纽约、伦敦和东京并列的世界城市，北京还有不少欠缺之处，这主要不在人均GDP、高楼大厦和环形道路方面，而在绿色、协调的生态系统和世界交流，尤其是智力交流的关键结点方面。

表 5－1　北京与四大世界城市比较

国家	人口和面积			经济		国际参与				城市基础设施	
	人口/万人	面积/平方公里	人口密度/（人/平方公里）	人均GDP/美元	第三产业比重/%	拥有全球500强企业总部数/家	入境旅游人数/万人次	年举办国际会议次数（UIA标准）	外国人占城市人口比重/%	地铁线路总长度/公里	人均道路面积/平方米
巴黎	220 (2009)	105	21000	46800 (2009)	＞80 (1996)	27 (2008)	1560 (2007)	315 (2007)	20 (1991)	300 (2001)	10 (2001)
纽约	824 (2010)	790	10518	136800 (2011)	＞80 (1996)	18 (2008)	950 (2008)	128 (2007)	28.4 (2008)	1179 (2001)	28 (1986)
伦敦	751 (2011)	1577	4762	84572 (2011)	＞80 (1996)	15 (2008)	1480 (2008)	103 (2007)	—	418 (2001)	26 (2001)
东京	1322 (2011)	2188	6042	81000 (2011)	＞80 (1996)	51 (2008)	—	126 (2007)	2.3 (1991)	250 (2001)	11 (2001)
北京	2069 (2012)	1282（城5区）	8875（城5区）	13793 (2012)	76.4 (2012)	26 (2008)	501 (2012)	88 (2007)	0.6 (2009)	442 (2012)	～6 (2012)

（一）北京尚未建成一个良好的水系

北京尚没有一个良好的水系，这与北京未沿河而建有关。但仅在百年之前，北京在东北和西南分别有潮白河和永定河两大水系，在东郊、南郊和西山脚下都有大片湿地，除山区外，郊区几乎村村有池塘。而今天永定河已断流；潮白河已是涓涓细流，2007 年首次出现断流；大片湿地已不复存在，村前池塘已绝迹。所以北京建成世界城市的首要任务是大大提高用水效率，节约用水，恢复地下水位，恢复断流的河流、干涸的湿地和消失的池塘，建成优良的水系。

（二）交通及大气污染问题严重

在交通问题上，“有多少路走多少车”是基本概念。根据笔者对世界各国的考察，北京与大巴黎的城市面积差不多，巴黎的机动车数量控制在 400 万辆以内。与巴黎不一样的是，巴黎城市中心的协和广场有疏散交通的作用，而北京城市中心的故宫则需要所有车辆绕行，而且巴黎的汽车利用率低。为了建设北京世界城市，北京市承载力范围内的机动车保有量不宜超过 400 万辆。但是，截至 2012 年底，北京市机动车保有量已突破 520 万辆。

机动车的快速增长带来了一系列的交通和环境问题。北京上下班的平均时间已在 1.5 小时以上，交通拥堵严重，机动车的增加是形成严重雾霾天气的重要原因之一，2013 年 1 月 12 日，北京首次发布雾霾最高预警，即橙色预警。因此，北京机动车的数量必须控制，而控制机动车数量的根本则是控制人口。

（三）在国际影响力方面的欠缺

北京在重要国际组织总部、高端人才和文化影响力方面还有不少欠缺。

1. 尚无具有重大国际影响力的国际组织总部

北京已聚集不少世界高端企业分部，但目前除国际竹藤协会、上海合作组织总部外，尚无国际组织总部，这对北京作为世界交流的结点产生重大影响。应以世界城市的理念，设计、建设好雁栖湖生态发展示范区中可能的 G20 首脑会议会址。

2. 世界高端人才聚集量小

北京还没有具有世界影响力的英文报纸和英文电视台（包括设在北京的）；北京现有 0.63%的外籍人居住，与世界城市的标准还有差距，更为重要的是仅有极少的诺贝尔奖获得者，以及美国、英国和瑞典等著名外国科学院院士、奥斯卡金像奖获得者和其他具有国际影响力的高端人才居住。

3. 尚未在世界文化中占据应有的地位

北京尚无较具规模的京籍世界文化名人纪念馆，也没有一部以北京为背景的世界著名小说或剧目。建议加大各方面的投入，先把香山的曹雪芹纪念馆建成世界知名的文化名人纪念馆。

(四) 关于北京建设世界城市的一个认识问题

关于中国是否要举办奥运会和是否要争取诺贝尔奖等工作都曾有不同看法，对于北京建设世界城市也有不同的看法，即认为这些事是“虚”的，然而这种看法是不妥的。

改革开放政策使我国已进入经济全球化，加入国际大家庭，30%的 GDP 出口，1/3 以上人的生活改善直接取决于国际贸易，北京奥运会对中国国际贸易和旅游业的促进是明显的；北京的北京大学和清华大学世界知名，但国际共识的排位不高，这与北大和清华没有培养出诺贝尔奖获得者和没有诺贝尔奖获得者担任实际教学工作有重大关系，也直接影响到花费大量钱财出国读大学的学生越来越多，使得不少家长不堪重负，影响了国内办学。所以，举办奥运会和争取诺贝尔奖不仅展示了国家、国力和国格对世界发展的贡献，而且与就业、教育和居民收入及支出直接相关，是人民利益之所在。

同样，北京建设世界城市只要不停留于空泛的概念讨论，而是建立科学、具体的指标体系，加快北京经济发展方式转变，保障可持续发展，并使之与北京人民的实际利益、中国的发展和加入经济全球化的目标联系起来，北京的世界城市建设就会成为北京、全国，以至世界人民的需求。

三、在建设世界城市中创新

北京在世界城市建设过程中必须借鉴其他世界城市的经验，不能重蹈覆辙，要有所创新。

（一）不能“摊大饼”式地无限扩张

像伦敦、纽约、巴黎和东京都有在盲目扩张后不得不收缩的历程，造成了巨大的物质浪费和社会动荡。北京必须考虑所在地域的生态系统的承载能力，注重生态系统的建设，要使城市人工生态系统和所在自然生态系统达到动平衡的和谐发展。自 20 世纪 90 年代以来，北京城市规模快速扩张，建成区面积从 400 多平方公里扩大到现在近 1200 平方公里，几乎是原来的三倍；北京人口现以每年 60 万、机动车以每年 50 万辆的速度增加，依此速度，2020 年人口将达到近 3000 万，机动车上千万辆，这是北京自然生态系统无法支撑的。例如，到那时，人均水资源量（包括调水等开源措施）就将降到 170 立方米，仅及维系可持续发展下限的 57%。因此，人口与车辆必须根据环境与生态承载力加以科学的控制，这样，北京才能真正成为可持续发展的世界城市。

(二)不能重复“好区”和“差区”的建设模式

在纽约、伦敦和巴黎的世界城市建设中，都采取了“好区”——豪华富人区和“差区”——贫民区共同发展的建设模式，出了问题再做调整，如纽约的哈莱姆区、伦敦的东区和巴黎的18区。目前，北京与四大城市的最大差距在城乡结合部，应尽可能均衡发展，减小区域差别，逐步消灭“城中村”。

(三)加强文化包容性，避免新建宗教、民族区域

纽约、伦敦和巴黎在世界城市的建设过程中都形成了宗教和民族的聚集区，这本来就是与世界城市的理念相悖的，同时也引发了一系列矛盾，现在这些城市都在努力改变。在北京的世界城市建设过程中应当吸取这一教训。

(四)保护传统文化老城区

巴黎在第二次世界大战刚结束时城墙还基本完好，目前，法国人都以城墙被拆除为憾事。北京是中国历史文化名城之首，是全球拥有世界遗产项目数量最多的城市之一。然而，近年来，反映老北京风貌的旧城传统建筑，以年均减少1平方公里的速度在消亡。北京原内外城老区为62.5平方公里，在这个范围内的老建筑现仅剩余不到40%；原有胡同3000多条，现已不足500条。应借鉴巴黎的经验，遵循“分级保护、展现旧貌；逐步维修、修旧如故；保持外观、内部改造”的原则加以保护，不能大拆大建。

(五) 避免城市核心区“空心化”的城市怪圈反复

在巴黎、伦敦和东京这些古城的世界城市建设过程中，都发生过核心区老城从极度拥挤到“空心化”的现象，巴黎的核心区人口最少时仅 200 万。随着公共交通的改善和房价趋于合理，现在这些城市中又都发生了回迁的现象。居民住在郊区，城市中心变成单纯的商业、行政和旅游区已是过时的城市理念，因此应避免这种反复。

(六) 建设卫星城

世界城市，通常都以与发展水平较为接近的周边构成都市圈的形式出现，北京当然也不应例外。由于历史的原因，北京实际上是一个封建王朝建的“人造城市”，北京与周边地区的发展存在很大落差。在环京周边 100 公里的区域内，存在着大面积的贫困带，这些地区多处于半干旱和半湿润的过渡气候带，山贫土瘠、沙化严重、缺水少雨、河流断流，几百年来一直就是穷困地区，像这样在首都周边存在贫困带的现象在世界上是极为少见的。

而纽约、伦敦、东京、巴黎大都市圈的发展同质化程度很高，大都市圈内的发展水平都很接近，从而为它们成为世界城市提供了强有力的支撑。因此，北京应该积极扶持北京周边区域的卫星城城镇化，形成北京都市圈。但有两点必须重视：一是以循环经济产业为支撑，不再人为造城；二是也应该控制人口，避免人口过度集中，再加剧海河流域的水资源紧缺形势。

四、北京世界城市建设中三大问题解决的路线图与时间表

实际建设北京世界城市时提出的一个目标体系，要与“科技北京、人文北京、绿色北京”的目标相结合，宜提出四大目标，即知识、科技的生产结构——科技北京，人文宜居的生活环境——人文北京，绿色、协调的生态系统——绿色北京，世界交流的关键结点——国际大都市，并据此进行了顶层设计。

今天，北京世界城市建设的主要问题是“水、人、气”，即制约发展的水资源短缺、人口的科学控制和大气污染及其成因之一——交通拥堵。对于解决这些问题，北京市已高度重视，下定决心标本兼治，让首都天更蓝、地更绿、水更净，发起了生态文明和城乡环境建设的总动员，提出了多项规划和具体措施来治理大气污染、污水、垃圾和违法建设，并提出了2016年达标的时间表。

（一）制约北京发展的水资源短缺必须优先解决

缺水是制约北京发展的最短板，要补“短”就要治水；水是生命之源、生态之本，北京的环境和生态要治“本”，就要治水。北京的未来“地更绿”靠水量，“水更净”靠水质，水生态系统决定的植被和水面对“天更蓝”也起到重要的作用。北京是世界大城市中最缺水的城市之一，表5-2为公认的世界城市与北京的水资源状况比较。

从表5-2中可以看出，一般城市的地域狭小，人口集中，人均水资源量均较低。但是，四大世界城市的人均水资源量都高于笔者在联合国主持制定的、目前在我国广泛使用的极度缺水标准

(500 立方米/人)，并以此为城市发展的保证。

表 5-2　世界城市水资源状况比较

项　目 城　市	面积 /平方公里	人口/万人	年可用水资源总量 /亿立方米	人均水资源量 /立方米
东京	2162.0	1299	317.1	2441.1
伦敦	1572.1	786	91.8	1167.9
巴黎	1451.8	1184	94.3	796.45
纽约	1214.4	1938	153.3	791.02
北京	16807.8	2069	35.5（本地 21.8）	171.6

世界大城市都依河而建，而且多在水量充沛的入海口，纽约在东河和哈得孙河的河口；东京在隅田川和荒川的河口；塞纳河穿巴黎而过；泰晤士河穿伦敦而过。而北京的水源，西部的永定河已经断流，东部的潮白河水量日减，所在的海河流域属严重缺水地区。北京人均水资源量仅为 171.6 立方米/人，不到世界城市平均水平的 14%，即 1/7（我国平均水平不到世界平均水平的 1/3)，不到维系可持续发展的最低标准 300 立方米/人的 2/3，缺口靠超量采地下水和牺牲生态水来补足。

1. 北京今天的供用水局面来之不易且十分脆弱

大家都知道北京缺水，但又都知道北京现在还有水可用，危机感因人而异，这正是北京供用水的最大问题。实际上，北京今天有水可用的局面是来之不易的。世界大城市由于地域狭小，人口众多，生活、生产用水多，在历史上曾几次出现缺水局面。20 世纪 50 年代，巴黎由于人口急剧增加，遇到天旱时曾出现严重的缺水情况；1964 年东京奥运会前，人口增加，又遇天旱，保证供水成为准备奥运会的第一任务，甚至采取了市内洗浴业一律停业，让人们到市郊去洗浴的办法。

(1) 以新治水思想制定的首都水资源规划

新中国成立以来，北京也数度出现水危机，但是，由于当时的经济能力和认识水平所限，都没能比较彻底地解决问题。1998 年我国大洪水过后，水利部水资源司和北京市水利局反思，考虑到北京缺水怎么办。在知识经济的新思想的指导下，当年笔者作为北京奥申委主席特别助理、全国节水办常务副主任、水利部水资源司司长，负责解决北京的水环境问题，经过详细的实地调查和反复的讨论研究，主持了《21 世纪初期首都水资源可持续利用规划（2001—2005)》（以下简称《规划》）的制定，经国务院总理办公会通过，2001 年国函 53 号文批准，担任规划实施协调小组常务副组长负责实施，阶段性地解决了这一问题。朱镕基总理批示：“一曲绿色的颂歌”，温家宝副总理批示：“……提供了宝贵的经验”，至今保住了北京水资源供需的脆弱平衡。这个规划与以前水利规划的主要区别在于以下几个转变：

第一，从以水利工程为主，转变为以流域的水资源优化配置为主；

第二，从仅考虑北京小系统，转变为考虑包括上游的全流域大系统；

第三，全面考虑水资源供需平衡，从以开源为主，转变成以节流为主；

第四，从单纯的修坝建库、修渠引水的土木工程手段，转变为工程、经济、管理和生态的综合手段。

水利系统工程采用工程、经济、行政和生态等综合手段，不仅是土石方工程，还提出一节（水）、二保（护水资源）、三管（统一管理）、四调（调整产业与种植结构）、五水价（调水价）、六回用（再生水）、七治污、八有限调水的综合措施。在工程手段中应包括节水、治污、环境治理、资源保护、生态修复、产业和种植结构改变等综合手段，没有修一座大坝，因为北京缺的是水源，而不是蓄水能力。

(2) 新思想与新《规划》取得的成绩

包括上游河北承德、张家口和山西大同、朔州，规划共投入220亿元，保住了首都脆弱的水资源供需平衡，取得了显著成绩。自2001年起至2004年底在经济与人口增长的情况下，供水止增回降，共节水11.7亿立方米，至2009年达32.1亿立方米。2003年笔者提出并主持实施每年晋冀集中向北京输水的工程，确定路线，沿途120公里多县统筹，完成减少蒸发、渗漏和截流多项工程，至今输入共5亿立方米。尤其是自《规划》提倡再生水回用以来，发展迅速，目前已占北京供水的20%，保证了600多万用水人口的增加和城市的发展。

(3)《规划》制定的核心在于提出“水资源可持续利用”的治水新思想

北京水资源的供需平衡目前存在两大问题：一是在北京人口不断增加的情况下如何保证供水；二是如何维系北京的生态系统。

1) 北京如何满足不断增加的人口供水

自明初在北京建都，北京成为世界大城市以来，虽经几度缺水、不断寻找新水源，但北京一直处于中度缺水域内（水资源大于1000立方米/人）。这种情况一直延续到北京解放后的1950年，那时现北京地域的人口约为220万，而年均水资源总量约为24.2亿立方米。此后到今天，北京市的用水人口增加到2400万，以2009年北京自产水资源量21.8亿立方米计，每人仅合109立方米。水资源总量仅减少了10%（在正常统计波动范围内），而人均水资源量却为半个世纪前的1/10。很显然北京的缺水是人口增加、经济发展造成的。

实际上2009年（平水年），北京有12亿立方米外来水源（包括再生水），即便再生水利用率再提高，南水北调10亿立方米到京，在未来20年内，北京的年最大供水量也不会超过50亿立方米。如果北京人口仅依前10年12.5%的速度增长，到2020年常住人口将超过2250万，人均水资源仅为222立方米/人，仅及笔者在联合国主持制定的维系可持续发展最低水量的2/3，还低于以色列等最干旱国家的水平。

2）现有生态系统将无法维系

有人说按照2009年的数据，虽然北京的人均水资源量仅为不到180立方米，不是还有水喝吗？但是必须认识到：这是在地下水过度超采、水生态系统严重欠账的情况下勉强维持的。笔者在10年前就提出“生态水”的概念，得到国务院领导的肯定。没有生态水，哪来的生态文明和美丽北京呢？

2009年北京采地下水19.7亿立方米，超采30.5%，一年就欠账4.6亿立方米。近10年平均每年超采值竟达9亿立方米，相当一部分水喝的是“子孙水”。从1950年到2000年，由于地下水超采，北京地下水位已经下降了23.5米之多，也就是说，京郊农民打井取水已经从打4～5米变成至少要打40米的深井，不少地方的机井要打到60米深才出水。在半个世纪之前，京郊农民如果靠人工打井，根本不可能在这片土地上生活。

笔者在北京生活了67年，在20世纪50年代初北京城内的高层建筑工地上可以看到，挖3～4米就要出水，抽水是施工的重要工序，而今天打30米深的地基都抽不出水来。在20世纪60年代初，北京近郊的农村几乎村村前面有水塘，今天几乎消失殆尽；当年的南沙河水流充沛，笔者需要游泳才能到达对岸，现在已经干涸，可以在河床漫步，有涓涓细流，竟是排出的污水。现在北京附近除了人工河湖以外，是“有河多干，有塘皆涸”。还不说这种状况构不成宜居环境，它也大大减少了对CO_2和尘埃的吸附，更重要的是现状还能维持多久？

目前北京五环内的树都要靠浇水维持，否则就会枯死。而地下水越抽水位越低，树的根系就更触不到水；就要更多地浇水，从而地下水位会更多地降低，形成了人为的恶性循环。其结果就是地下水抽不上来，树的根系更触不到水，逐渐枯死，北京的生态系统将遭到毁灭性的破坏。

(4)《规划》指出调水不能根本解决问题

迄今为止，没有一个世界大城市的水源问题主要靠跨流域调水来解决，中国早就有“远水不解近渴”的古训。北京仍应以节水为主，调水只是应急的辅助措施。

南水北调，这是笔者主持制定的《21世纪初期首都水资源可持续利用规划（2001—2005）》说服了权威专家后纳入的一部分，是没有办法的办法；而且规定只能有限调水10亿立方米；更重要的是，在北京节水能力形成后，将不再调水。这是因为：首先，调出地区丹江口现已处于中度缺水；其次，由于引水、渗漏和污染等一系列问题，上千公里的长距离调水是否能够持续保质保量，在世界上还没有先例；再次，丹江口与北京有水源同枯同丰的问题；最后，日益提高的经济成本是否合算、能否承受也是个大问题。

关于再向丹江口地区引长江水的想法，问题则更大。长江排污现在已达污水与径流量比 1/40 的自净能力临界，如果调水，又要在长江沿岸大量投入建污水处理厂，提高处理等级。

2. 如何科学地解决世界城市的水资源问题

既然水资源是世界城市发展制约因素木桶的短板，那么科学地延长这个短板就是世界城市可持续发展的关键。国际的世界城市有许多经验值得借鉴：缺水的柏林提高再生水处理等级，饮用水有1/3是再生水，而没有调水，这增加了可用水资源的总量，符合循环经济和生态学的原理。东京水灾较多，但没有高筑堤坝，而是在郊区留下开阔的蓄滞洪区，无水时是高尔夫球场和公园，还节省了高尔夫球场的土地，不筑坝可以不制造“悬河”。在巴黎有一块低洼地，也没有高筑堤坝、画地为牢，而是以准确的气象预报在洪水到来之前让居民撤离，过后政府赔偿，因为洪水是低概率事件，所用的赔偿金仅为筑堤的 1/10，而居民则可以利用赔偿金重新装修房屋，皆大欢喜。伦敦泰晤士河在 20 世纪 50 年代污染成灾，整整治了 30 年才基本还清，所以，现在伦敦制定了严格的节水（少排污）和污水处理政策。

北京应该制定什么样的水资源政策呢？

实际上，解决城市水问题只有三条途径：一是提高水的利用效率；二是把人调出来；三是把水调进去。迄今为止，世界城市的科学解决办法是，以第一为主，以第二、第三为辅。

(1) 继续提高用水效率

用水效率的基本衡量标准是单位 GDP 的用水量。北京 2012 年的万美元GDP用水量是129立方米，尽管连年下降，却仍高于极度缺水的以色列（110立方米）。伦敦、东京、巴黎和纽约因不包括郊区无农业，而且是发达国家，所以不具可比性；而与极度缺水的以色列（农业用水占50%，北京仅占34%）是可比的。如果北京的用水效率赶上以色列，保持同样的生产规模，则可年节水3.7亿立方米。

(2) 提高再生水利用率与南水北调

目前，北京再生水利用率逐年递增，2013年又制定了增建46座再生水厂的规划，如果再生水用量增加到10亿立方米/年，这样又可增加水源3.5亿立方米；南水北调进京10亿立方米；使再生水利用率达到80%。到2020年，北京水资源总量可达54亿立方米，如以2400万为用水人口上限，则可达到维系可持续发展的人均水资源量300立方米标准的2/3，即阈值下极限。

更为重要的是，北京将可以大大增加生态水用量。目前，北京环境用水仅为3.6亿立方米，也就是说，在北京1.68万平方公里的地域上仅能铺上21毫米的一层水，不仅无法回补地下水，而且难以维系有植被的生态系统。2020年，生态水可以增加2～3倍，不仅能够维系北京历史上的乔、灌、草生态系统，而且可以逐年回补地下水。

只有这样，北京才能逐渐修复已遭重创的水生态系统，成为合格的世界城市，才能在水生态承载力提高的基础上持续发展。

(3) 海水淡化应该提上日程

在世界水论坛上，笔者曾与有关权威专家探讨："全球气候变暖，增大了蒸发，为什么世界多个地区出现干旱的趋势。"多数人表示还难以解释，仅有的解释是："海面易于成雨，更多的水降到海中去了。”大自然出现了把淡水变海水的运动。如果这个理论成立，那么海水淡化应该是解决淡水资源短缺，维系淡水系统和海水系统之间良性循环的科学办法。

北京距海不算太远，可以考虑将海水淡化作为新水源。据报道，北控水务集团已掌握大型海水淡化的核心技术，争取在2016年建成河北唐山曹妃甸海水淡化工程，经270公里输水管线向北京日输水100万吨，即3.65亿立方米/年。从而使北京人均水资源量接近300立方米/人的可持续发展保障线，而且出厂水价4.5元/吨，输送成本2.5～3.5元/吨，到京水价为7～8元/吨，与目前北京自来水的成本价相近。

现在，海水淡化进京的主要问题是：

① 淡化海水的价格仍偏高，通过技术创新降价的空间仍然存在。目前，研究海水淡化技术的单位有几个，笔者对天津海水淡化与综合利用研究所进行了实地调研，他们对蒸馏法、反渗透法等多种淡化技术及输水技术进行了较全面的比较研究，有较成熟的技术路线。烟台海岸研究所也进行了海冰淡化技术的成功研究。因此，宜组织联合技术攻关，使我国的海水淡化技术达到国际最高水平，成本达到国际最低水平。

② 渤海湾是洋流交换很慢的浅海，如果每年取10亿立方米数量级的海水，对渤海近海生态系统的影响如何，应组织多学科综合研究。

③ 从曹妃甸淡化厂到北京的输水距离270公里，位于世界海水淡化厂输水距离最长之列。对于输水，必须充分考虑地形、地质和气候等各方面的影响，对输水技术进行综合研究。

④ 由中央协调，北京和天津合作建设海水淡化厂。天津引入淡

化海水，适量顶替南水北调天津份额给北京，可能是更为合理的办法。

⑤ 海水淡化必须尽可能节能；否则增加了水源，却加剧了能源紧张，尤其我国多为火力发电，燃煤污染排放加大，又加剧了雾霾天气。

(4) 借鉴地球上条件相近的良好水生态系统

笔者曾在两德统一、柏林合并前后 6 次考察过柏林，柏林的水生态系统与北京的比较相似。北京平原地区与柏林相关条件的比较如表 5－3 所列。

表 5－3　北京与柏林平原地区相关条件的比较

城市	人口/万	纬　度	年平均气温/℃	年平均降雨量/毫米	人均水资源量/立方米	再生水回用率/%	海拔高度/米	与海距离/公里	地下水占总用水比/%	城市人均用水量/(升/日)	水费/人民币元
北京	2019	北纬 40°	12.9	584	170	70	50	154	55	212	4
柏林	350	北纬 53°	8.9	700	560	99	80	162	62	121	16

注：北京人均用水量含公共设施用水。

从表 5－3 中可以看出，柏林与北京的地理与气候条件相近，都处于缺水地区，但柏林是世界公认的美丽都市，水生态系统良好。因此，北京应在森林覆盖率、人均绿地、人均水面和湿地面积等一系列水生态指标方面，参照自己历史上生态系统较好的时期和柏林的情况制定水生态系统修复规划。

柏林特别注重地下水的水源保护，共有 9 个以地下水为主水源的自来水厂，多在湖河或森林附近。柏林在含水层周围划分保护带，距离分别为10米、100米和2500米，其中10米保护带以内禁止一切污染物渗入地面，违者被罚巨款。

（二）科学控制人口的现实问题不能回避

现在，世界上2000万人左右的大城市只有5座，墨西哥城2300万人，东京2100万人，上海2100万人（按城镇人口算），里约热内卢和北京（按城镇人口算）都在1800万左右。目前，墨西哥城、东京和里约热内卢都在控制人口，近年来已不增长（东京区划调整除外），上海的增长率也低于北京。建2500万人以上的顶级大城市，不仅不是世界上任何一个超大城市的愿望，现实可能性也微乎其微，所以北京对科学控制人口的现实问题不能回避。

1. 建立“用水人口”的新概念来控制人口

一个世界城市的人口是多还是少，应该用人与自然和谐的“用水人口”新概念来衡量。现在，对城市人口有户籍人口、常住人口和流动人口等多种统计方式，各有各的用处。但最本质地反映人与自然关系的是“用水人口”，常住人口两个人各住半年即一个用水人口，流动人口365个人每人住1天，即1个用水人口。

世界城市大多有这个概念，这也是墨西哥城和里约热内卢控制人口的主要依据。即使城市不缺水，用水后还要排污，对污水处理能力也要有预测。以北京为例，2009年户籍人口为1246万，常住人口为1755万，而2008年瞬间人口曾达1.47亿人次，以流动人口平均每人在京住6天计，北京的用水人口已近2000万。而北京目前如果所有开源节流的措施都到位，还需要5～10年时间。即便措施到位，如果不进一步破坏生态系统的话，最多也只能支撑2200～

2400 万用水人口。

2006—2011 年，北京人口增长 27.7%，年均 5.0%，到 2011 年，北京（2019 万人）已是世界上仅次于上海（2347 万人）和墨西哥城（2200 万人）的世界第三大城市。依 2006—2011 年的人口增加速度，北京将于 2015 年超过墨西哥城，于 2018 年超过上海，到 2020 年成为世界上唯一的超过 3000 万人的大城市，这还只是常住人口，如果把流动人口折算成“人·年”，则用水人口将可能达到 3500 万。更为重要的是，即使 2014 年南水北调到达北京，并在 2015 年达到一期最大值，北京的人均水资源量还是不到 175 立方米/人，仅为笔者在联合国主持制定的 300 立方米/人可持续发展阈值的 58%，是世界上 1000 万人口以上大城市中最低的，也是唯一达不到可持续发展最低水资源量 2/3 的城市。

因此北京必须控制人口，将人口年均增长率降至 1.5%以下。这样在 2020 年，北京常住人口可以控制在 2200 万以下，仍居世界第 3 位；人均水资源量可达 245 立方米/人，从生态角度分析可以维系脆弱的可持续发展。

2. 关于北京控制人口的政策建议

北京是我国的首都，是全国人民向往的圣地；北京要建设世界城市，吸引各国人民，这些都是实际情况。但是历史与实践证明，人的愿望如果不与自然和谐，则事与愿违，因此，要对北京人口进行科学、合理的控制。借鉴国内外的经验，可以采取三级控制的办法。

（1）实施暂住证制度

暂住证制度已在北京广泛实施。参照多数国家对旅游者的管理办法，1个月以上即为暂住，需要向当地派出所登记，要求有合法的居住地，一般不允许在当地找工作。

(2) 实施居住证制度

对在当地居住半年以上的可列为常住人口，实施居住证制度。办理居住证的条件是有合法的住房与合法的工作，可享受当地的一些福利，类似于发达国家的绿卡。居住证制度是户籍有序开放的前提，它可使政府、企业、新老居民三方都做好农业转移人口市民化的准备。

(3) 改革户籍制度，有序开放落户限制

对于连续长期办理居住证并参加社会保险的常住人口，有合法稳定职业（如在一处至少3年）、合法稳定住所（如在一处至少2年），连续在北京办理居住证并参加城镇社会保险（如5年），按照总量控制的原则，每年将名额分配给有资质的单位准予落户。

关于先后顺序与随迁人口，应依申请人纳税年限和数额而定，而年限是第一位的（避免贫富悬殊）。按劳取酬是社会主义的分配原则，纳税是居民的义务。在被称为“自由故乡”的法国，议会通过的“法案”对外籍劳工不得有任何歧视，但是也按上述原则确定他们的工作与居住权利。

(三) 只有改善大气环境才能建设绿色、美丽、生态的北京

2013年以来，北京周边出现的严重雾霾天气，不仅引起北京居民的高度重视，由于正值两会期间，也引起了全国人民的高度重视和世界的关注，已经成为北京建设世界城市必须解决的重要问题。

1. 北京出现严重雾霾天气的原因分析

对北京雾霾天气的成因应进行大系统分析。

(1) 北京地理环境的原因

地理环境是北京市大气污染较重的原因之一。北京三面环山，地形呈明显的簸箕状，污染扩散困难；又处于北纬 40°地区，既没有很频繁的北方冷空气活动，又没有南方较多的降水冲洗，也造成空气中污染物扩散困难。但是，与自然环境相比，人为污染排放量不断增大无疑是主因。笔者自 1946 年起生活在北京，20 世纪 50 年代初期这种现象十分少见，当时是蓝天白云之下冒着缕缕黑烟，当时大家都认为这是工业化的象征，十分高兴。

(2) 周边环境的原因

21 世纪以来，京津冀成为我国三大经济最发达的地区之一，也是雾霾最严重的地区，每年出现雾霾的天数在 100 天以上，京津冀尤为严重。其原因很简单，相比较而言，对大气污染扩散来说，京津冀地区自然地理环境最差，而排污又最高。京津冀地区占我国国土面积不到 3%，但消耗了全国 1/5 的煤炭，近 1/5 的汽柴油；生产 1/5 的钢铁，近 1/5 的水泥；烟尘排放量近全国 1/8，每平方公里大气污染排放量是其他地区平均值的 5 倍以上。

(3) 北京自身的人为因素是主因

自身的人为因素是北京地区雾霾天气形成的主要原因：

① 机动车的尾气污染是北京空区污染的一个重要原因。2012 年机动车已达 520 万辆，而且使用率高，交通拥堵严重，因此尾气排放量很大，已大大超出了北京大气小环境对排污的承载能力。

② 工业的污染仍然存在。近年来，北京已采取多种措施，不少

大气污染排放大的企业已迁至远郊，充分利用扩散能力。首钢的炼钢部分已迁至河北唐山曹妃甸，这不仅是笔者主持制定的《21世纪初期首都水资源可持续利用规划（2001—2005）》中的内容，笔者还主持论证了迁厂对曹妃甸当地大气和水资源的影响。但大气污染排放工业在北京仍然存在，成为北京雾霾天气的原因。

③ 工地造成的扬尘。北京现有大量的建设工地，工期不限，文明施工程度低，也是造成雾霾天气的重要原因。应参考国外在工地限制扬尘方面的成功经验，在两个方面提出要求：一是建筑工地全部实行围挡，全封闭施工；二是限期施工，逾期按天罚款。

2. 雾霾天气的治理对策

在20世纪70年代以前，严重的雾霾天气在英国的伦敦和德国的鲁尔地区都曾存在，经过10～20年的努力都有了极大的改变，而且改变了人们的错误认识。自工业革命以来，伦敦就被称为“雾都”，普遍认为主要是气候原因。自20世纪80年代至本世纪初，笔者8次去伦敦，感到已称不上“雾都”了，主要是人为污染得到了较彻底的治理。同一期间笔者6次去德国鲁尔地区，当地也已经还了蓝天白云。

从大气污染的机理分析，并借鉴国外经验，可采取如下对策。

(1) 依产业、地理和气象条件划定范围，建立大气污染联防联控机制和机构

在京津冀地区，可按照《21世纪初期首都水资源可持续利用规划（2001—2005）》（简称《规划》）以流域为系统治理的思路，根据产业排污总量，依大气环流的经验规律，在不利排污的地形范围内制定联防联控规划，并与《规划》中建立规划实施协调小组一

样，建立大气污染联防联控的机制和机构。

(2) 在京津冀地区采取措施

具体措施包括：

① 根据科学计算，控制煤炭消费总量，依耗煤/万元 GDP 来分配定额，倒逼产业结构调整和产业布局优化。

② 依照“谁污染、谁补偿”的国际环境保护原则，适当提高排污费，上交国家用于本地区的防污控污投入。

③ 对企业和个人设防污控污技术创新奖（区外创新在区内应用可获奖），以高技术提高防污控污效率。

④ 对于无法达标的落后产能，采取更严格的淘汰制度，加大处罚力度，做到违法必究、究办必力。对于淘汰厂矿的工人和厂房，尽可能转产与利用。如在德国的鲁尔地区，关闭了许多钢厂，厂址有的改成了电影拍摄基地，有的还申请联合国教科文组织世界文化遗产中新纳入的工业文化遗产；部分工人转入旅游业接待游客。

(3) 在北京地区采取更严格的限排措施

除上述类似措施外，还应有：

① 进一步控车，严格排污超标车辆报废制度。

② 对建筑工地要求文明施工，并限期完工。如法国城市在所有工地上立工期牌，标明施工期限，由市民监督，逾期者罚款。

③ 严格执行办公地点、公共场所和居民区的冬季供暖和夏季制冷温度控制，节约能源。

④ 提倡绿色出行等措施。

(四) 北京解决三大问题的路线图与时间表

水资源严重短缺、人口超过生态承载能力和大气污染严重是北京的三大问题。水资源短缺是问题的瓶颈，大气污染是问题的急症，而人口超过生态承载能力是问题的核心，也是其他两大问题的重要成因。解决这三大问题要有科学的顶层设计、全面的总体规划、清晰的路线图和明确的时间表。建议路线图如图 5－1 所示。

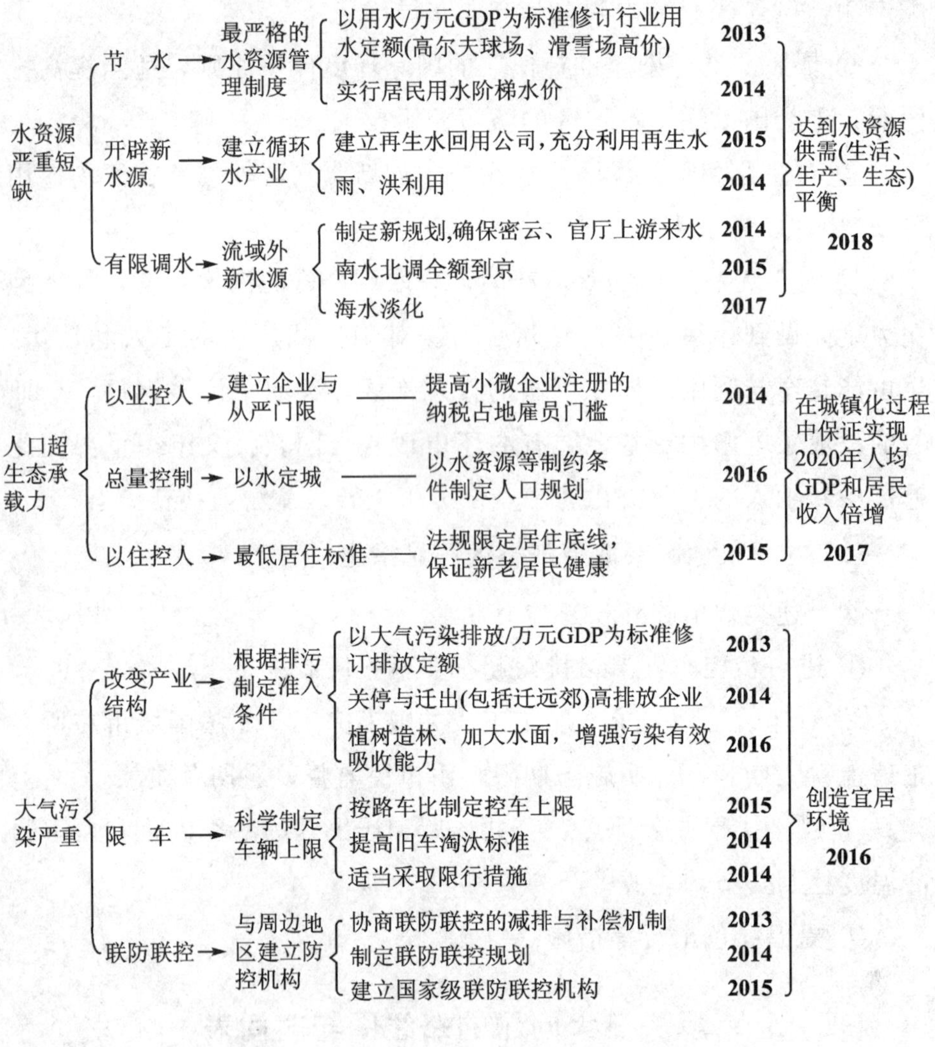

图 5－1　北京解决三大问题路线图

北京解决三大问题的时间表在图5－1中已分别列出，到2020年使北京基本建成世界城市。在人口方面，2020年达到包括户籍人口和常住人口不超过2200万的动平衡，即死亡人口加迁出人口与出生人口加迁入人口基本相等，上下浮动不超过5％。常住外来人口目前为总人口的37.4％，已超过按统计规律保持人口稳定的上极限（～25％）。也就是说，在8年内使约300万农业转移人口取得户籍而市民化，也即对于北京这样的超大城市，每年城镇化速率必须压在1.5％以下，才能使北京的城镇化做到积极、稳妥。

在水资源供需平衡方面，2020年总可用水量达到54亿立方米，即保持近年来年平均35.5亿立方米的可用水量，增加南水北调入京10亿立方米，增加再生水回用4.5亿立方米，增加海水淡化（或南水北调配额置换）3.5亿立方米，增加按《规划》上游供水0.5亿立方米。人均水资源量达到245立方米/人，即保障可持续发展最低量的统计规律波动下极限之内，才有可能维系以至修复北京的生态系统，做到为新老居民创造宜居环境。

在大气污染方面，在2020年使新老居民及国内外旅游者对北京的大气环境基本满意。

第六章　百国城镇化实地考察

在改革开放后的35个年头里，1993年以前笔者主要在国外，1993年以后继续从事全球生态系统的水环境和经济发展的城市化全球考察，在2004—2013年期间补上了全球典型国家的考察内容，其中几乎囊括了世界所有的文化、经济和生态的典型国家。笔者前后出国51次，在国外住了8年多，渡过了3000多个日日夜夜；绕地球26圈，飞行了105万公里；操着英语、法语和俄语在亚洲的日本、韩国、朝鲜、蒙古、哈萨克斯坦、泰国、马来西亚、新加坡、缅甸、越南、老挝、柬埔寨、印度尼西亚、菲律宾、文莱、印度、巴基斯坦、孟加拉国、尼泊尔、沙特阿拉伯、卡塔尔、阿曼、阿拉伯联合酋长国、巴林、以色列、巴勒斯坦、科威特、约旦、塞浦路斯、伊朗和土耳其；在欧洲的前苏联、俄罗斯、乌克兰、白俄罗斯、立陶宛、拉脱维亚、摩尔多瓦、爱沙尼亚、波兰、前德意志民主共和国、前德意志联邦共和国、德国、捷克、斯洛伐克、匈牙利、罗马尼亚、保加利亚、当时正在解体的前南斯拉夫、斯洛文尼亚、克罗地亚、挪威、瑞典、芬兰、丹麦、冰岛、荷兰、比利时、卢森堡、英国、法国、安道耳、西班牙、葡萄牙、瑞士、列支敦士登、奥地利、摩纳哥、梵蒂冈、意大利、圣马力诺和希腊；在美洲的美国、加拿大、墨西哥、古巴、巴拿马、巴西、阿根廷、智利、秘鲁、乌拉圭和巴拉圭；在非洲的埃及、苏丹、摩洛哥、肯尼亚、乌干达、南非、莱索托、莫桑比克、尼日利亚、贝宁、多哥和加纳；在大洋洲的澳大利亚、新西兰和斐济等，还有当时没有回归祖国的香港和澳门地区，共 100 个今天或历史上曾存在的国家和地区停留。

其中包括除南极洲以外的所有 6 个大洲，每个洲至少去过 3 次；除大洋洲外的每个洲至少去过 3 个国家。几乎走遍了欧洲和亚洲，走到了北非、南非、东非和西非，在北美从北到南，在南美从东到西。到过目前国际公认的 G20——世界前 20 个经济大国：美国、日本、德国、英国、法国、意大利、加拿大、巴西、俄罗斯、印度、西班牙（欧盟代表）、土耳其、沙特阿拉伯、韩国、印度尼西亚、墨西哥、阿根廷、澳大利亚、南非和中国，上述所有国家都去过 2 次以上，其中在法国住过 6 年，日本和德国（统一前后）都去过 8 次，英国和意大利都去过 5 次，美国、澳大利亚、西班牙和俄罗斯都去过 3 次，印度、韩国、土耳其、墨西哥、巴西和加拿大去过 2 次。在联合国组织中接触过世界 160 个国家，其中包括上至总统、下到乞丐的各种各样的人。

笔者到过世界上最大的 25 个城市：亚洲的东京、孟买、德里、加尔各答（仅远郊）、上海、达卡、雅加达、卡拉奇、曼谷、马尼拉、北京、大阪、德黑兰和伊斯坦布尔，美洲的墨西哥城、圣保罗、纽约、布宜诺斯艾利斯、洛杉矶和里约热内卢，非洲的开罗和拉格斯，欧洲的伦敦、巴黎和莫斯科。到过世界上前 10 个人口最多的国家：印度、美国、印度尼西亚、巴西、巴基斯坦、俄罗斯、孟加拉国、尼日利亚、日本，当然还有中国。到过世界上面积最大的 10 个国家：俄罗斯、加拿大、美国、巴西、澳大利亚、印度、阿根廷、哈萨克斯坦、苏丹，当然还有中国。

笔者到过世界上所有超过 200 万人的发达国家的大城市和所有

400万人以上的发展中国家的大城市；进过巴黎法国总统府爱丽舍宫，莫斯科的克里姆林宫，在华盛顿美国国务院发表过讲话；纵穿过纽约的哈莱姆贫民区、伦敦的东区、巴黎的北郊黑人区、开罗的死人城、孟买的棚户区、南非约翰内斯堡的索威托贫民区、里约热内卢的贫民区，还住过罗马的贫民区；和腰缠万贯的富翁交了朋友，也和沦落街头的乞丐作过长谈；见过世界闻名的大国总统，也邂逅过四处流浪、目不识丁的吉普赛人。笔者不愿乘舒适的出租汽车，宁愿挤公共汽车和地铁；不愿由导游陪同，宁可孤身徘徊街头，五大洲主要城市的主要大街和一些阴暗的小巷，都用自己的双脚走过，不仅留下了足迹，也留下了绵延的思考。

在这里仅摘录国外不同类型的、与我国有可比性的城镇做参考。如果要了解更详细的情况，可参看笔者《看世界》系列丛书共20册（见参考文献）。

一、循环经济小镇卡伦堡和知识经济之城斯塔万格

发达国家后工业化的经济发展方向是循环经济，人类经济可持续发展的方向是知识经济，这当然也是城镇化经济发展的路线。

（一）丹麦的循环经济小镇——卡伦堡

卡伦堡小镇不仅在欧洲，即使在北欧、在丹麦，都是个不知名的小镇，但是今天在中国却大名鼎鼎。自从笔者1993年4月出版《循环经济》一书，《循环经济促进法》起草委员会主任冯之浚先生在大会上说“吴先生把循环经济的理念引入到国内”以来的10年中，中国有几百个团组访问了卡伦堡小镇，到过卡伦堡的中国人比

小镇的人口还多。为什么呢？因为这个小镇发展了一种循环经济模式。

卡伦堡在丹麦第一大岛——西兰岛上，位于哥本哈根西 100 公里，属西西兰州，是一个人口仅为 2 万的小镇，临北海和波罗的海之间的厄勒海峡。卡伦堡工业园区位于卡伦堡小镇西南方向，距离小镇约 3 公里，分散在直径约 4 公里的圆形地域，面积约 12 平方公里，区域内有企业 20 余家。

自 20 世纪 70 年代以来，对于节约水资源和处理废物的需求越来越大，卡伦堡园区初步开展了围绕生态循环与经济发展的项目，其中包括 7 个水循环项目，6 个提高能源转换效率的项目，6 个废物循环利用项目，17 个内部循环共生项目，4 个外部循环共生项目。

卡伦堡生态工业园区的发展总体分为三个阶段，即 20 世纪的 70 年代中期以前、80 年代和 90 年代以后三个阶段。

1976 年以前的项目主要是为了解决电厂和炼油厂等工业用水的问题，即把蒂索湖的地表水进行处理后，送到工厂使用，来替代抽取地下水。当时生态循环的模式还没有开始。

在 20 世纪 80 年代，卡伦堡工业园区的主要项目除了继续对地表水的高效循环利用外，还重点开展了对包括电厂产生的蒸汽、冷却水和粉尘的综合利用。诺和集团正式加入到循环链之中，开始为农场提供生物质原料。

同时，全面发展了循环链。循环链的组成包括水的循环利用、能源的循环利用和废物的循环利用等，使得资源的循环利用日趋完善和高效。

图 6 - 1 显示了丹麦卡伦堡生态工业园区目前的废物交换和利用情况。

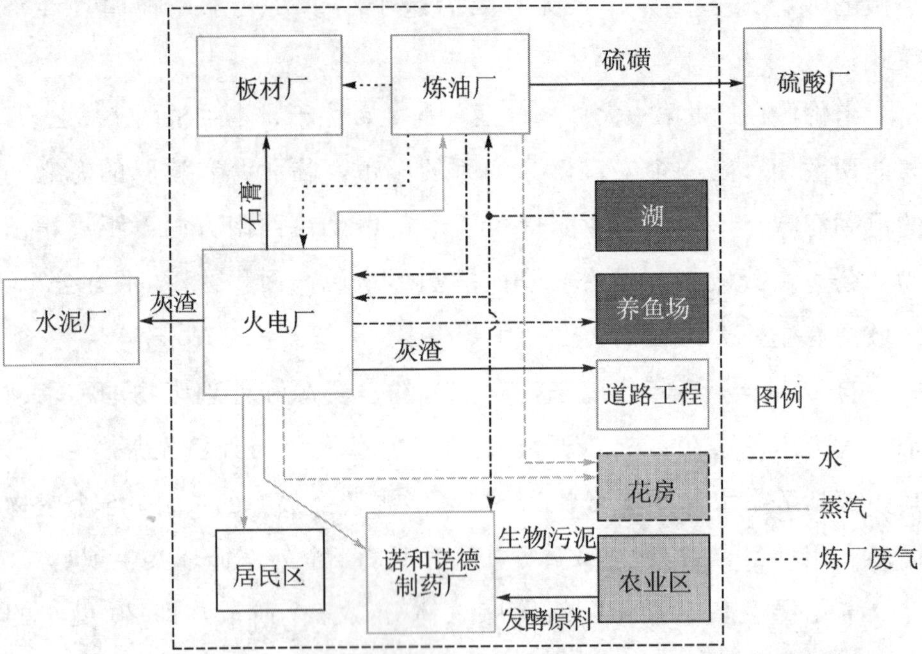

图 6-1　卡伦堡工业园区的废物交换和利用

图 6-2 显示了卡伦堡工业园区企业循环链的流程。

中国代表团的访问已使卡伦堡不堪重负，近年来，园区的一般工作人员都不再出来接待，而成立了旅游公司，由导游接待。尽管丹麦人普遍素质较高，导游的素质也还可以，但导游完全是背诵解说词，并不知其所以然。

卡伦堡只是一个荒僻的小镇，镇上的旅馆只有一个 20 世纪初建成的大车店，但是上万中国人的访问，使小镇积累了资金，盖起了四星饭店，如不亲见，难以相信。2008 年，当园区接待人员理所当然地安排笔者住四星饭店时，笔者婉拒了，住进了“大车店”，这样才能见到“真正的卡伦堡”。

已经退休的园区创始人专门从家里出来接待，给笔者讲了小镇

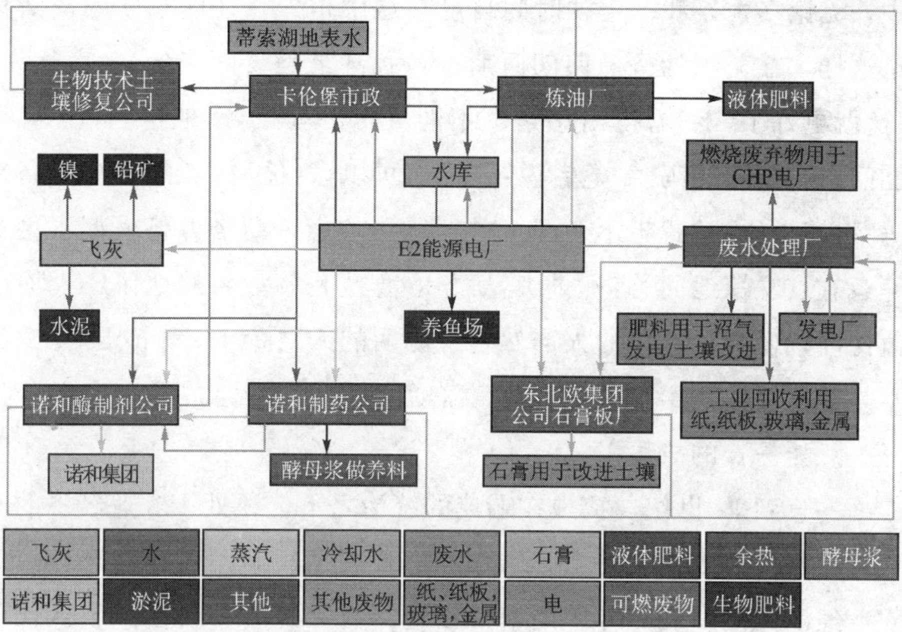

图 6-2　卡伦堡工业园区企业物流、能流循环链

和园区的历史，还请吃午饭，陪笔者度过了大半天时间。当他望着窗外的中国参观者时，微笑着看了我们一眼，一切尽在不言中。

(二) 与挪威斯塔万格市长谈环境与知识经济

1997 年夏，笔者应邀作为主席团成员参加了在挪威斯塔万格举行的北海环境与发展国际会议。在东道主举行的招待宴会上，笔者坐在主桌，与主人——斯塔万格市市长相邻，并和市长很快攀谈起来，因为在会上已经认识，所以一开始就谈得很深。市长问：“您是否看了看我们的小城呢?”笔者说：“是。这不是个小城。”市长说：“太好了，但我说的不是一般的看，是在城中漫步，与百姓交谈。”笔者说：“正是这样看的，这是我的习惯，在我的世界旅行中，无论多忙，我一定抽时间自己在城中走走，在前苏联的莫斯科是这样，在美国的圣·弗朗西斯科，我甚至是夜间走的。”市长说：“这就更好了，我看得出您是个不同寻常的教授。”他接着说：“我能问您一个问题吗？”笔者说：“当然可以。”他说：“您不会不高兴吗？”笔者说：“我想不会。”他接着说：“您说斯塔万格人傻不傻？”笔者有点吃惊地回答：“斯塔万格是世界上最富裕的地区，人均产值比硅谷还高，这里的人当然是最聪明的人之一了。”市长说：“我不是开玩笑，我给您讲一个故事您就明白了。”他讲了一个十分精彩、意味深长的故事。

一直到19世纪，挪威在瑞典的统治之下，还处于农业经济的时代。但是，挪威地处高寒，农作物生长周期短，不可能高产，因此农业经济无法发展。尽管斯塔万格地区有大片森林，但由于砍伐和运输工具落后，而且由于严寒每年可以上山伐木的时间也不长，因此，只能守着森林资源受穷而无法开发。当时斯塔万格地区的穷困是今天难以想象的，居民穿着粗制的毛呢料，和罗宾汉差不多；很多人盖不起房子，处于半穴居状态，就连有钱人也没有中国清代那样的豪宅。越是穷困，越是愚昧，居民把仅有的一点钱都捐出来建了华丽的教堂。

到了1830年左右，英国的海外殖民地急剧扩张，经济发展迅速，和近邻挪威的贸易急速增加，也给挪威带来了先进的技术，如机械锯。后来，由于1859年法国的普朗泰发明了蓄电池，又有了电锯，使得伐木效率大大提高。大批名贵树木被砍伐，装船运往英国、法国和德国，至今这些国家宫殿使用的许多家具都是那时挪威名贵木材的制品。当然，伐木的收入大大高于种地，斯塔万格地区开始富裕起来，城市里今天留存的最古老的好房子，大都是那个年代建设起来的。

但是仅仅过了两代人的时间，到了1870年左右，山上的树就被砍伐光了，成了一片秃山野岭。当笔者乘车在斯塔万格市郊考察时，车速达到100公里/小时，但是走了两三个小时还看不到头。19世纪末，斯塔万格只有不到10万的人口，在工业技术的武装下，居然对自然资源有如此之大的摧毁能力，不但当时是始料未及的，甚至现在看了也是难以想象的。

森林资源被毁了，靠什么生活呢？人进了城，地荒了两代人的时间，更种不好了，怎么办呢？好在地旷人稀，可以再找一种资源。斯塔万格海域是世界上最好的沙丁鱼场，目前斯塔万格沙丁鱼罐头的产量占世界的约80%，中国略大一点的商店都有国产沙丁鱼罐头，但是总产量恐怕连世界的1%也不到，可见斯塔万格沙丁鱼资源之丰富。当时引用了先进技术，用汽船拖网，大规模捕鱼，而且提高了附加值，做成罐头出口。斯塔万格成了世界著名的沙丁鱼产地，人们的生活又富裕起来了，今天的斯塔万格就是那个年代成型的。

没想到好景不长，在1870年至20世纪初不到两代人的时间里，沙丁鱼也被捕光了。水会流，鱼会游，如果说树伐光了还是可以相信的话，那么沧海之中的沙丁鱼又捕光了，真是令人难以置信，但这就是事实。最富饶的斯塔万格海域沙丁鱼场捕不到鱼了，怎么办呢？只好去逃荒要饭，逃到美国去。那是真正的逃荒要饭，当时的挪威人是乘货船去，吃水手的剩饭，以致在20世纪初的10年内就逃掉了当时斯塔万格人口的1/10，而这些人又多是年轻力壮的市民，他们在芝加哥一带建了贫民区。

讲完了这个故事，市长对笔者说：“吴教授，您看，我不是对您开玩笑，我们的祖先真就愚昧到这种程度，抓到一样资源，就毁掉一样资源，是不是有些傻呢？我们都有这种基因。当然也不只是我们的祖先，世界的工业革命都有这个问题，斯塔万格不过是个典型的例子罢了。不过，人类就是从无知到有知，从愚昧到文明的，现在我们明白了，一定要持续发展，这是联合国教科文组织创意的概念，您做过联合国教科文组织的顾问，理解较为深刻。我们就是要实施可持续发展。您在会上做了知识经济的讲演，深深地打动了我，我们就是要搞知识经济，不能搞愚昧经济。”

他接着说：“我以前听到过‘知识经济’这个词，但知之甚少，今天听了您的讲演后，我感到我们搞的就是知识经济。您看自20世纪40年代起，我们用了半个世纪封山造林，把森林又恢复了，斯塔万格又是森林无边无垠了，许多人都不相信这是仅50年的次生林。从20世纪50年代起，我们休养生息又把渔场恢复了，现在斯塔万格生产的沙丁鱼罐头又接近世界总产量的80%了。”

他最后说：“在斯塔万格海域的周围海域又发现了石油，对这第三资源的开发使我们成为了世界上最富有的地区。但是这次我们要牢记愚昧的教训，走知识经济的道路。用知识开发石油，要科学分析油田构造，哪口井打，哪口井不打，哪口井多出油，哪口井少出油，都要经过系统分析计算，要通过优化配置使石油资源尽可能长时间地高效率利用。斯塔万格人的遗传基因不好，但是我们善于学习，勇于改正，我们能发展真正的知识经济。”

笔者说：“人都是猴子变来的，都有这个变化过程，斯塔万格人认识到这一点，就会更快地变成最聪明的人。”市长说：“您讲得太好了。”

笔者走过斯塔万格茂密的森林，吃着斯塔万格的沙丁鱼罐头，看着海上采油平台的井喷火焰，心里在想：这真是笔者一生中听到的最好的故事之一。每一种深奥的理论都要有几个“故事”来支撑。所以笔者不论是在国内中央党校讲演，还是作为北京奥申委参加欧洲奥委会大会代表团团长在国外讲演，都讲这个故事，讲“北京的经济发展方向已确定为知识经济。”

二、最适于人类居住的城市——苏黎世、日内瓦、维也纳和温哥华

城镇化以人为本，目标是建设宜居城市，苏黎世、日内瓦、维也纳和温哥华被公认为世界上最宜居城市，但是我在那里见到的不是高楼大厦，也不是宽广的环城公路。

(一) 宜居城市之首——苏黎世

瑞士以田园风光著称，至今城镇化率只有 74%，但瑞士也有世界名城。苏黎世是世界金融之都，人口 35 万，近年来多次与加拿大的温哥华一起被列为世界宜居城市之首，这不仅仅是由于它的物质财富，更重要的是它的自然财富。

苏黎世湖犹如一弯新月倚傍在市的东南端，长达 40 多公里，面积 88 平方公里，最深处为 140 米。蔚蓝色的天空映着碧绿的湖水，片片白帆摇曳着湖上的波浪。湖边的山坡，绿草如茵，林木葱茏。从蓝色的湖水，到绿色的林地，再到蓝天白云，组成了和谐、俏丽的自然景色，被人们誉为瑞士的“一颗光辉的宝石”。

什么是人类宜居城市呢？在美国等一些国家的密林中和山坡上建起的“人造富豪城镇”，不能算人类宜居城市，因为那不是一般

人能够居住的地方。人类宜居城市应该符合以下几个条件：

① 历史上已经形成，但经现代规划和合理政策调控形成的城市，城市不能过大，人口不能过多，人口密度不能过大。

② 城市居民要达到一定的生活水平，如人均国民收入超过5000美元，这样的城市才有能力进行都市建设和环境保护。城市居民贫富不能过于悬殊，如20％最高收入者的税前收入不能超过20％最低收入者收入的7～10倍。

③ 城市应该有较优美的自然环境和足够的生态容量，一般依山傍水。

④ 城市要有好的基础设施，尤其是好的公共设施，如水、电、气、热、学校、医院和公共交通。

⑤ 城市应该有较深的文化底蕴和较多的文化古迹。

⑥ 城市要有完备的法律体系和强有力的执法能力。

不切实际地空定繁杂的指标体系的意义是不大的，但必要的条件是要具备的。联合国官员退休了都要住在巴黎，看看巴黎就了解这些条件了；但是巴黎太大了，大家都住巴黎也不可能，人类要创造更多的宜居城市。半个世纪前的纽约是符合这些条件的，笔者的朋友，原美国八大财阀之一的继承人小梅隆工程师对我说："我从小长在纽约，纽约一天不如一天了，但我相信纽约会好起来。"美国人创造了纽约这个奇迹，但又不知不觉地破坏了它。当然，我也相信：美国人会像重建世贸大厦一样地恢复它。

苏黎世是能够完全达到世界宜居城市标准的。

苏黎世是历史上自然形成的城市，瑞士通过多年控制人口和税收政策使苏黎世没有恶性扩张，城市大小适中，常住人口和游客都在一个合理的范围内，城市不显得拥挤、喧嚣。

苏黎世显然是个富裕的城市，它通过税收和最低工资制度保证了城市的贫富差距，并通过公共福利政策基本消灭了贫困阶层，而且通过严格的法律和强有力的执法能力调控，使得城市优美整洁，没有贫民区和种族聚集区。

苏黎世更有优美的自然环境和足够的生态容量，利马特河的年径流量为27亿立方米/秒，上游地旷人稀、污染很少。苏黎世人均占有4000立方米/年的水资源量，不但水量足够，而且还有足够的生态自净能力，以人均耗水100立方米/年计，不设污水处理厂，仅靠河流的自净能力也可使水质达标，达到最高的生态标准。苏黎世人均占有近百平方米的水面。苏黎世市紧靠阿尔卑斯山，有足够的森林和绿地来净化苏黎世的空气。

苏黎世的公共交通实在让人称道。笔者住在北面近郊的旅馆，到远郊的苏黎世大学新校舍去讲课，需换两次车，本来想，这么远的路需要乘出租了。可是，邀请笔者的教授说完全可以使用公共交通。苏黎世的公共交通之好是出名的，经亲身一试果然很爽，路上标志清楚，车站设置合理；车辆部部准时，无论是司机还是路人都热情地给生人介绍，途中碰到一个大学生还会说中文："站在前面。"乘公共交通并没有感到任何不便。

苏黎世是个古城，有丰富的文化底蕴。它得益于近400年的和平，文物古迹基本上都保留完好。而且苏黎世的管理者有素养、有远见，没有以大拆大建的方式改造旧城，使苏黎世的历史和文化遗产得以保留。

从这里可以看到，一个人类宜居城市既要有物质财富，更要有自然财富，但是，最重要的是人，是有知识财富的居民和管理者。如果没有物质财富，还可以生产、制造，自然财富不足，还可以修复、维系；而城市毕竟是要住人的，而且要高密度地住人，所以，如果没有知识财富，那么有再多的物质财富也会利用不当，有再好的自然财富也会被破坏殆尽。

(二)“世界花园”——日内瓦

日内瓦市仅有282平方公里，人口约40万，城市人口18万。

多数城市的水源是河，如巴黎的塞纳河，伦敦的泰晤士河，纽约的哈德逊河和东河，莫斯科的莫斯科河，罗马的台伯河，上海的黄浦江；有的是海，如东京的东京湾，摩纳哥的地中海；有的则兼而有之，如悉尼的达令湾和亚拉河。而日内瓦呢，这座始建于1536年的城市，其最出名的水则是湖——日内瓦湖。许多外国朋友问笔者：“北京可以说是世界独一无二的不傍水而建的大城市，在古代的运输条件下，运送建城的石料、木料要付出多么艰巨的劳动啊!”实际上当年北京是有运河的，但中国人“人定胜天”的气概也是有传统的。

一进入日内瓦市，就能看到一柱高达130米的银白色喷泉刺入蔚蓝的天空，这就是日内瓦的象征——不是百丈高楼，而是一柱水，动的水，它道出了水是生命之源的本质，寓意深远。喷泉在城东北的日内瓦湖之中，日内瓦湖实际上叫莱蒙湖。喷泉是人工的，全靠泵把水打上去，是世界上数一数二的人工泉。远远望去，喷泉像一座陡峭的透明冰山，和迢迢的勃朗峰上的积雪交相辉映，四散的水雾在阳光之下变成摇曳的彩虹，构成了一幅奇妙的美景。那湖水真是一平如镜，有长堤直入湖中。笔者走入长堤，在它尽头的巨石上坐了下来，湖很大，像海一样。我们不少城市都在修建城市象征，日内瓦市的象征反而反映了我们自古以来的“天人合一”的思想。所以城市象征不必一定请外国名家来设计。

罗纳河把日内瓦一分为二，东岸是老城区，西岸是新城区，河上有 8 座大桥，其中以勃朗峰桥为最大，古桥保留至今，日内瓦就是以这座桥为中心发展起来的。河中间有两个小岛，其中之一为卢梭岛，岛上有 18 世纪法国大哲学家卢梭的铜像。横跨河上的还有岛桥，是在另一个岛上的两边建了两座桥与岸相连，岛上有城堡，曾经为监狱，被称为日内瓦的“巴士底狱”。日内瓦的古迹都保存完好，城市就是一座露天博物馆。

日内瓦湖上有很多公园，如激流公园、玫瑰公园、珍珠公园和英国公园等。瑞士以钟表制造业闻名于世，而在岸边的日内瓦公园里也有一只大钟，这就是著名的“花钟”。它是一个花坛，表盘、数字、刻度均由鲜花组成，时针长达两米，驱动机构埋在地下，鲜花还随季节而变换。这就是日内瓦的产业象征，造价也不过几十万人民币。钟表工业是日内瓦的传统产业，街市上的钟表店的确特别多，小到蚕豆大的女金表，大到几十公斤重的古钟，琳琅满目地陈列在表店里，然而顾客少得可怜。这里的传统机械表，正在受到日本的电子表和石英表的巨大冲击。从钟表商到钟表工人都饱尝瑞士钟表业巨头决策失误之苦，他们在电子和石英表技术兴起之初，予以蔑视，不相信这些乱七八糟的电子玩意儿会击败瑞士驰誉世界的传统工艺。

日内瓦老城没有改造，原样保存，虽然街道狭窄，建筑显得陈旧，但可让人追溯历史的长河，如落成于 13 世纪的圣·彼尔大教堂，是日内瓦最古老的建筑。欧美人到一个城市总要问：“最古老的建筑在哪里?”并在那里流连忘返；而大多数中国游客到欧美总要问：“最高的建筑在哪里?”

（三）音乐之城——维也纳

奥地利保持山国特色，至今城镇化率只有67%。首都维也纳面积415平方公里，人口160万。因新年音乐会，使维也纳在中国人人皆知，不过维也纳确实是名副其实的世界音乐之都。

维也纳著名的城市公园也是座音乐公园，但尽量保持了自然风貌，人工修饰不多。一条小溪从中流过，五颜六色的鸳鸯、野鸭在水中游荡，被两岸的积雪衬托得更加鲜艳，颇有音乐意境。城市公园的胜景是园中西北角施特劳斯的青铜塑像。塑像基本上是真人大小，栩栩如生地刻画出音乐家演奏提琴时，坠入音乐之梦的如醉如痴的神态。每到夏天，施特劳斯的后裔便组成一支业余乐队，经常给公园中的盛大舞会伴奏，吸引了众多的外国游客，人们在欢快的乐曲中翩翩起舞。迷人的夏夜，动人的音乐，不禁使人们沉浸在对这位令后人敬仰的音乐之王和他的家世的遐想之中。

音乐的魔力在维也纳各处施展。在奥匈帝国的皇宫，即现在的国立博物馆里，乐器在博物馆馆藏中占了主要部分，笔者看到了17世纪的原始钢琴，它是舒伯特在1820—1825年使用过的钢琴，自然使人想起歌剧《美丽的磨房姑娘》；走在多瑙河岸边，耳边不由得荡漾起《蓝色的多瑙河》的音波，尽管现在的河水已成灰色；踏着维也纳森林中稀疏的林木间的积雪，有如伴着《维也纳森林的故事》的旋律。

这个音乐之城中的维也纳国家歌剧院和维也纳音乐厅，是音乐之都维也纳的象征，它们都是19世纪的原物。歌剧院始建于1869年，在第二次世界大战中被炸为残垣断壁，1955年修旧如故，并配备了最先进的音响设备，使古老的剧院现代化。维也纳音乐厅也落成于

1869年，是意大利文艺复兴式建筑，1870年1月6日在厅中的金色演奏大厅举行了首场演出。从1939年开始，每年1月1日在此举行举世闻名的维也纳新年音乐会，中间因第二次世界大战中断，1959年恢复举办至今。世界著名乐团都以在此演奏为荣，在21世纪，中国民族乐团荣幸登上了这座世界音乐艺术的神圣殿堂演奏。在至今的144年中，维也纳再没有建过现代的国家歌剧院，当然这不是资金的问题，可能是因为维也纳再也没有孕育出作品传世的大音乐家吧？

一天晚上，笔者在旅馆附近的街上散步。忽然看到一对对穿着做工考究的晚礼服的夫妇，纷纷下了汽车走进一个大厅。看到他们在隆冬大雪之际的装束和神态，使人想起了19世纪的宫廷舞会。笔者以为是在拍电影，便找了一位正在等人的先生询问，才知道这是一次行业工会的晚会。这种晚会在西方很普遍，但如此之庄重，实属罕见。从大厅里传出的贝多芬的乐曲，又一次提醒人们这里是高雅的古典音乐之城，文化之都。这种情景在纽约的晚会上也是难得看见的。美国人对欧洲的文化和艺术是十分景仰的，他们没有夜郎自大，甚至认为欧洲的艺术“高雅”。

(四) 最适于人类居住的城市——温哥华

近年来，联合国环境署对世界上比较典型的50个城市适于人类生活的程度进行评比，加拿大的温哥华一直名列前茅。2004年笔者访问温哥华，果然名不虚传，当之无愧。

一座城市要适于人类居住，大概第一位就是要有足够的好水了，因为水是生命之源。温哥华不但水量充足，而且水质极好。弗雷泽河经过温哥华流入拉特湾，弗雷泽河发源于落基山，降水充沛，年降雨量达1200毫米；从终年白雪皑皑、集雨面积很大的落基山融化的雪水，不但水量充沛，而且水质达到Ⅰ类。观察弗雷泽河，水质上乘，可以达到Ⅱ类。当然，这与温哥华市100%的污水处理率也是分不开的，温哥华的优美环境不仅是天赐，也在人为。

温哥华全市处处体现出人与自然和谐。

首先是人口密度适宜。温哥华有200万人口，近来人口增加较快，就开辟了西温哥华的新区，保持人口密度不增加。

其次是人类活动在自然生态系统的承载能力之内。温哥华的产业以循环经济产业——旅游业为主，在旅游这种产生污染较少的产业中，还做了污染排放的严格控制；此外只有污染不大的木材加工等工业。

最后是人类活动尽可能与自然和谐。例如温哥华的公园都建成自然式公园，利用自然树林和绿地，不过分修整。郊区著名的悬索桥公园，保留了19世纪的悬索桥，不再修任何水泥桥，游览和服务设施都因陋就简，回归自然，只在巨树间建了一些木桥，作为游乐设施。人们进入公园中看不到人工雕琢，保持了原始森林的原貌，空气十分清新，游者心旷神怡。在园中，笔者不禁感慨，如果在我国的某些地方，这样的公园不知会被修成什么样了，可能又会多出几个标志性建筑物了。

尽管温哥华的市政建设处处尽力与自然协调，但也有例外，一位我国澳门富商就买了一块市中心的街边绿地，盖了一幢很不协调的小别墅，受到舆论的攻击。但这位富商也有高招，居然在楼的一侧刷了整整一面墙，上面画了一幅风景画作为补偿。这样做是否能够补偿只能由温哥华市民来评论了。

在温哥华，城区公园有60多个，加上郊区公园共有100多个，可谓是绿茵遍地，鲜花遍城。

公园中最有名的斯坦利公园是典型的英式公园，其中并没有亭园建筑，只是一大片平坦的绿草地。在靠海的地方有几棵孤零零的大树，有一棵大树从远处看去像一座小山，紧邻海岸，高达 20 米，遮阴面积不下两亩地，是公园的奇观。为什么是独木一枝呢？肯定是殖民者当年上岸时为了宿营、生火、做饭，把树木都给砍光了，只留下这一株为了遮阳吧？

公园的东部树木渐密，保留有印第安人的文化，竖立着许多图腾柱。“图腾”就是印第安人的佛像，在粗大的树干上刻上猴和鸟的面部，再涂上鲜艳的色彩，颇似京剧的脸谱，柱顶一定是只鸟，成为崇拜的偶像。

温哥华北郊还有一个著名的公园，就是卡佩兰奴悬索桥公园，它实际是温哥华森林自然保护区的一角。过了悬索桥就进入了原始森林，林中清新的空气真让人有一种醉意，是天然氧吧。密密的森林浓荫蔽日，只能透过几缕阳光，林中的红松 300～400 年可以长到 60 米高，直径达 6 米，有几株千年老松高达 90 米，棕色的树干上泛白，上面还长着绿苔。在林中行进全靠巨树之间的木质吊桥，没有其他任何辅助建设，保住了原始森林。

三、历史上消失的大城

世界历史上有一些曾经是规模庞大、地位重要的城市消失了，例如古墨西哥城和柬埔寨的吴哥。中国历史上也有楼兰和尼雅等丝绸之路上的古城市消失了，但中国几乎所有的大城基本上都延续下来了，这与中国“天人合一”的与自然和谐的观念有着重要的关系。

(一) 世界最大的城市——墨西哥城的前身已经消失

墨西哥城是世界第一大城市，在墨西哥的中部偏南、北纬 19°的地方，和我国海南省首府海口市的纬度差不多。但它气温不高，因为它平均海拔 2260 米，刚好是一般人没有缺氧反应的高度，从这方面来讲建城是适宜的。但是，墨西哥城市周围的水源不足，不适宜建设超大型城市，这也几乎成为了共识。墨西哥城的大城市病较重，正在自治，但多数人不知道历史上它就大病过几次，直至死亡。

公元 1 世纪，印第安人在墨西哥谷地中，于今天的墨西哥城北仅 40 多公里的古特斯科科湖畔建立了特奥蒂华坎城，于公元 400—600 年达到全盛，人口约 20 万，成为古代美洲最大的城市，以至今保留的太阳和月亮金字塔著称于世。太阳金字塔建于公元 1 世纪，比万里长城稍迟，高 65 米，底面 225 米×225 米，只比埃及金字塔略小，是古代的几大奇迹之一。但是，由于外族入侵，到公元 750 年偌大的城市被完全废弃，而这一文明还早于著名的墨西哥尤卡坦半岛的玛雅文明。

由于外族的入侵而将 20 万人的大城完全废弃，只是对历史的一种解释。笔者一直有几个疑问：一是在当时荒凉的美洲，一个什么样的经济文化发达的强大异族能够完完全全地毁灭一座 20 万人口的大城，却没有留下考古的历史证据？二是这个强大的异族为什么完全不占领和继续利用这座城市呢？像这样的情况在世界历史上几乎是没有的，成吉思汗远征欧洲，虽然火烧过城市，但这些城市都没有完全被废弃，还在继续利用，而且重建。

在笔者考察完墨西哥城的水资源状况后，得出一种解释与欧美学者探讨。当时的异族入侵的确给城市以很大破坏，但这却不是城市完全被废弃的原因。真正的原因是与外族入侵同来的连年大旱，使古特斯科科湖干涸，由于城市规模太大，浅层地下水也近于被开采枯竭，而当时的特奥蒂华坎人和入侵异族都没有铁器，无法打深井，因此人们不得不放弃这座巨大的城市。当然，异族的入侵可能更使人们无力组织打深井汲水。

这种看法有什么依据呢?

第一，笔者登上了65米高的太阳金字塔鸟瞰周围，目前已是荒原一片，没有河流，更没有湖泊。

今天的墨西哥城，特斯科科湖早已荡然无存，墨西哥城用水主要靠不断过量地抽取地下水，近70年间，三城区和近郊区平均下沉7.5米，最多处达40米，充分说明了水源紧张的问题。

第二，墨西哥城著名的三种文化广场，其中的阿兹克特文化建筑就是一座求雨的祀坛，在1450—1455年的大旱中向上苍乞水。据记载，那次大旱又几乎使几百年后由于地下水恢复而在此续建的特诺奇蒂特兰城陷于绝境。

第三，笔者认真查看了建设和组织得都很好的、世界著名的墨西哥城古人类学博物馆，印第安人虽有较高度发展的文化和精美的金银铜工艺品，可以雕高达8.5米、重为167吨的人头石像，但一直到欧洲人入侵前都没有铁器，不会炼铁，因此无法打深井。所以遇到外来围攻，没有水是无法坚守的，只能坐以待毙，或举手投降；而再遇到连年大旱，只能弃城疏散返回森林。

（二）古代东方城市奇迹吴哥为什么消失

吴哥始建于公元802年，完成于1201年，建设前后历时400年之久，公元802—1432年为柬埔寨王都，苏利耶跋摩二世在位期间（1113—1150），吴哥王朝的疆域遍及整个中南半岛的东南部，吴哥城也达到极盛。

1432年，吴哥被暹罗人攻占，几乎被洗劫一空，吴哥王朝就此终结，柬埔寨王国迁都金边。自此以后，吴哥逐渐销声匿迹，湮没在莽林荒野之中，成为一座鬼城，直至1860年才被发现，经历了420多年的销声匿迹。

今天，吴哥的大部分建筑倒塌成废墟，但是吴哥古迹的规模之宏伟壮观，其遗存建筑之璀璨夺目，依然令人惊叹。考古学家把它与我国的长城、埃及的金字塔和印度尼西亚的婆罗浮屠并称为东方四大奇迹。

吴哥古迹共有600多处，散落在约60平方公里的森林里，主要部分为吴哥城（又称大吴哥）和吴哥窟（又称小吴哥）两大部分，其中有许多佛寺和宝塔，蔚为壮观。据说，当年所有建筑的内墙上都镶有珍宝和宝石，但在吴哥被暹罗人占领后被洗劫一空。我们看着墙面和屋顶上的大孔小洞，如今无一幸存，真不知当年有多少珍宝，吴哥不仅有精美的建筑，当年还是个宝库，吴哥真是个稀世珍宝。

吴哥古迹主要由众多的石构建筑和精美的石刻浮雕组成。不用寸金尺木，全部结构都用巨大石块垒砌而成，最大的石块重达8吨以上。更为惊人的是，几乎每块石头上都有精美的雕刻。所有的宝塔和楼台的外壁上更是布满千姿万态、形象生动的雕像，有的高达数丈；寺内回廊上也是浮雕，栩栩如生。吴哥寺中心的五座莲花蓓蕾似的圣塔高耸入云，是高棉民族引以为骄傲的精湛建筑。

这样一座人间瑰宝为什么消失了呢？给后人留下的这一千古之谜，至今是国际学界争论的热门题目。笔者不是考古学家，但也提出了自己的见解。

吴哥毁于战祸是有历史记载的，历史上毁于战祸的城市很多，俄罗斯的莫斯科、中国的元大都和美国的华盛顿都曾毁于战火，而且毁得更彻底，但都重建了。可是为什么吴哥会消失了呢？应该说，地处热带被森林包围的吴哥，重建更容易。笔者多方查找资料表明：吴哥城在晚期已过于庞大，超过了当地自然生态系统的承载能力，已处于水危机的边缘。

1432 年，在暹罗人把吴哥洗劫一空之时，正值当地大旱。吴哥的水源是南边仅 40 公里的柬埔寨第一大湖——洞里萨湖。洞里萨湖不仅是柬埔寨的第一大湖，也是亚洲的第二大湖，面积达 2500 平方公里，多条河流汇入，平时水量充沛，但当时大旱，几近干涸，吴哥又处在高处，饱经战乱的居民自然无力取水复建，从而四散逃亡。

问题是逃亡的居民经休养生息后为什么不回来重建，致使这里荒无人迹，而需要法国考古学家来“发现”呢？原因很简单，大旱之后，地下水埋深的恢复往往需要几百年，在这几百年中应该有无数人重返吴哥，但都因缺水而没有生存条件，所以吴哥就被掩在逐渐生态自修复的荒莽密林之中达 4 个世纪而无人迹。

作为这一分析的有力佐证是，现在科学家又提出“洞里萨湖会在 200 年内干涸”。笔者专门考察了洞里萨湖，这个柬埔寨的母亲湖已经旧貌不再，沿途没有森林，最大的只是富户家边的小树林；就连草也已覆盖不了大地，许多地方露出了黄土；没有一条水量充沛的河流，湿地和池塘也只剩踪迹。可以肯定，周边地下水位已经大大降低，否则周围的植被不可能如此凋零。湖中大部分地区的水深仅 1～1.5 米，大鱼已经绝迹。

洞里萨湖会否在 200 年内干涸呢？笔者没有做数据测量，但亲临其境还是有所估计。洞里萨湖呈长方形，长年有水范围长约 100 公里，宽约 25 公里，刚好从长方形湖的上端下水。从周边的湿地变干地，湖泊变湿地的状况来看，自 1975 年始计，在 30 年内长宽至少各萎缩了 4 公里，洞里萨湖已至少失去了 500 平方公里的长年有水面积。如果萎缩速度不增加，以现有速度继续萎缩下去，那么大约 120 年干涸。当然一般越向湖心水越深，萎缩越慢，但洞里萨湖是个平底湖——碟子湖，湖边与湖心的深度差别不大；而且，所余面积越小，萎缩速度越快，所以如果不采取有效措施，洞里萨湖将用不了 200 年，会在 100 多年内就干涸。这也就是认识了自然规律的柬埔寨人当年无力重建吴哥的真正原因。

四、当代曾废弃的城区——美国的布法罗和英国的利物浦

不但古代有消失的城市，就在当代也有被废弃的城市，其主要原因倒不是水源，而是产业结构调整，美国的布法罗和英国的利物浦就是这样的城市，而在我国也不乏“矿竭城衰”的城市。虽然这些城市现在大多都已恢复，但其中的教训还是十分值得新型城镇化吸取的。

（一）被废弃的水牛城——布法罗

举世闻名的尼亚加拉大瀑布就在布法罗——水牛城的西郊。布法罗有 36 万人口，1981 年笔者去访问时，它是笔者在各国见到的两三个让人吃惊的败落城市之一。布法罗是在美加边境的世界最大湖泊——五大湖中的伊利湖东岸的港口城市，城市按首都华盛顿规划建成，原本树林密布，环境清幽，是一座优美的城市。1758 年法国商人开始在这里建皮毛贸易货栈；19 世纪伊利运河开通后成为水陆交通要道，进一步发展成为世界性港口，沿岸仓库林立，船舶来往穿梭；还是世界著名的面粉加工中心。布法罗当年灯红酒绿，十分繁华。

在 20 世纪 60—70 年代发达国家信息化的产业调整中，由于五大湖的水运衰落，产业单一的航运业日渐萧条，加之气候恶劣，越来越多的人离开了布法罗。1974 年这里下了一场罕见的大雪，在 1 小时内积雪达 1 米深，许多汽车被困在公路上。尽管政府出动空军救援，但还是有上百人因汽油耗尽、无法取暖，被冻死在汽车里。笔者考察布法罗时看到的就像是一座被遗弃的城市。市中心街上到处是无人居住的房屋，门破窗裂，屋顶长草，仿佛一座废墟，让人不忍多看。曾几何时，这里也曾房价高企，楼盘待售；而现在房地产商已无踪影，几乎所有的房屋都挂出了待售的牌子，初到者猛一看甚至以为布法罗的门牌如此“特殊”。

不少条街上，白天也看不见几辆汽车和几个行人，恶性治安案件层出不穷，天一黑更是行人绝迹。笔者走遍了五大洲，夜访是笔者的主要项目，在这里看到的是晚上没人敢上街，从窗户向外看去，城市仿佛死了一般。

今天死城布法罗已经复苏，但布法罗人都牢记了这段历史。

（二）利物浦，你在哪里？

利物浦这个城市，老一辈是比较熟悉的，它曾经是英国的第一大港，目前是第二大港。第二次世界大战以前开到广州和上海的英国货船多数是从这里出发，而不是从伦敦起航。提起利物浦，人们往往把它与质地优良的洋货和富裕联系起来。1207 年利物浦开始兴建城市和港口。在殖民时代，利物浦是英国去美洲的起点站，后来成为美国棉花来到欧洲的市场。在第二次世界大战中，2/3 的港口被炸毁，战后又重新建设。

1985 年笔者来到盛名之下的利物浦，首先见到的是大名鼎鼎的码头街。这条街十分壮观，长达十几公里的码头，是连绵不断的泊位和货仓，每个泊位都像是一个足球场，每个货仓都像是一座大厦，其规模是笔者所见到的任何一个港口难以比拟的，可以停靠 20 万吨的油轮。但是，泊位上却没有船，街上也没有车，仓库门上的油漆斑驳脱落，仓库顶上长了杂草，仓库边上的咖啡馆和酒吧的门上贴满了报纸，窗户的玻璃残破不全，那显赫一时的双鹰海关大楼的钟声也不再发出鸣响。

为了找房子暂住，笔者按照租房启事去了市中心，路上路过花园洋房街。在这条街上，到处可以看见一种奇怪的景象——两幢粉饰一新的小楼中间居然会夹着一幢门窗破烂、墙壁漆黑的楼房。与罗马的废墟不同，这不是古迹，而是被遗弃的现代化建筑。花园里——确切地说是野草园里，堆满了垃圾，街上冷落得怕人，没有行人，路灯也残缺不全。

利物浦的西部还有一个苏豪区，不少英、美城市都有苏豪区，

“苏豪”即指中世纪人们狩猎时用长喇叭吹出来的声音。苏豪区一般都是较古老的城区，同时也是穷人区。伦敦的苏豪区已经改建，现在是唐人街的所在地。而利物浦的苏豪区依然如故，街上行人稀少，残楼断壁随处可见，有3幢15层的“保障”住宅楼，大约有600个单元，居然没有1户居民，残破的玻璃窗像一排排黑洞让人看了心寒。

由于居民的购买力下降，利物浦一家独出心裁的商店——“半镑钱”商店便应运而生。此店只经营小商品，不管什么都只卖半镑钱，十分招揽顾客。由于产业陈旧，水运萧条，利物浦被衰退、失业所困扰，失业率据说高达25％。公立医院败落，而私立医院一天的住院费就达110英镑，医药费还不计在内。昔日繁荣的利物浦已不复存在。难怪摇滚乐早期的四大歌星都在利物浦应运而生，而在布鲁塞尔制造足球惨案的暴徒也来自利物浦！

2002年笔者又来到利物浦，此时的利物浦已经面目全非，它完成了产业结构调整，新兴产业蒸蒸日上，已经找不到那个败落的利物浦的影子，一个复兴的利物浦让人惊叹。用了短短的10多年，一座大城市变了一个样，英国的速度也值得称赞。

五、缺水的城市——里约热内卢和悉尼

水资源是城市发展制约木桶的短板，国际上不少城镇都提出以水定城的发展思路。巴西这个世界水资源第二大国，在人口激增的情况下，1990—2009年的城镇化年增长率为2.1％，但第一大城里约热内卢的供水就出现了问题。

(一) 水多的巴西也有水少处——里约的供水

巴西第一大城里约热内卢的人口是1200万，处于巴西相对缺水的地区，尽管年降雨量超过1000毫米，但一年中有3个月是旱季，加上人口过多，因此年人均水资源量小于1000立方米，使得旱季供水时常发生困难。我们驱车前住城东的自来水厂，自来水厂位于距里约市中心48公里的卫星城新伊瓜苏。到了郊区，楼房越走越低，也越来越旧，就连路上的车也越来越破，一片低矮的临时建筑物构成了里约的贫民区，有些像北京的城乡结合部，再向前走，就到了远郊。远郊的植被稀疏，树不多，几丛耐旱的灌木颜色发黄，这里没有河流，里约城周围缺水是显而易见的。

西代伊公司年供水量高达13亿立方米，可提供850万人的用水，包括里约市85%的城市用水和周围几个小市的供水，年人均耗水量为153立方米，为欧洲一般城市的1.5倍，缺水的里约用水相当浪费。自来水厂设备较好，尤其是管理先进，全厂仅有206名员工，年人均产水达631万吨，效率很高。

由于里约市的旱季供水紧张，目前正着手制订进一步调水的计划。一边是浪费，另一边又要调水，这种现象看来在世界许多地方都存在。西代伊公司的主管也承认，从周围河流调水已近生态临界，里约地区若再调水会出现生态问题，长距离调水不但成本高昂，而且输送、保护都很困难，看来节水在哪个地方都是水资源可持续利用的最佳方法和第一选择。

里约市由于缺水，水价定得已经较高，超出水费占家庭收入3%的一般国际标准，但里约市的用水量仍是国际平均水平的1.5倍。其主要原因是水费征收采取以1幢房屋为单位计量的不合理规定，这样，富户独住1幢房屋水费交得少，穷人多人合住一幢房屋，水费累进加价交得多，造成许多穷困居民不交水费。这个规定适用于在20世纪初居民住的主要是单独房屋的状况，可是沿用至今显然有问题，一个世纪以来，贫民激增，多户共居一幢房屋。水价的不合理，造成穷人拒交水费，更无法控制用水，反而产生水资源的大量浪费。目前已在着手改革这种水价制度。此外，管网年久失修也是浪费的重要原因，据西代伊公司主管估计，仅管网漏失和拒交水费两项就使公司损失收入40%，使公司陷入了没有能力维修管网的恶性循环。

里约热内卢是特大城市，对于世界上特大城市的盲目扩张该不该有限制？世界人口停止增长并趋于稳定还需要半个世纪或更长时间，而人口稳定之后停止人口向城市转移仍需要半个世纪以上的时间。在这一个多世纪中，向已经缺水的特大城市集中人口，必然造成更严重的缺水。缺水之后就调水。但由于水资源难以远距离调配，而且调出地区也不丰水，它们也要发展，所以把本不缺水的地区也变成新缺水地区，不久这些地区也需要调水了。这个恶性循环在世界不少地区还在进行着。不是要可持续发展吗？为什么不能与自然和谐呢？为什么不能限制特大城市盲目扩张，使人口分布与水资源的承载能力趋于匹配呢？这些问题应该是世界上大多数国家的决策者需要反复研究和慎重决策的。

（二）悉尼的水源

悉尼人口320万，是澳大利亚第一大城，“绿色奥运”是2000年在悉尼最先提出的。正如在澳大利亚这个缺水的大陆，水的问题也是悉尼奥运会最重要的问题。尽管靠海，悉尼并不是丰水地区，平均年降雨量只有700毫米，比北京的570毫米略多一些。但悉尼降雨均匀，毛毛细雨，润物细无声，不像中国北方夏季的倾盆大雨，甚至暴雨成灾。

悉尼周围250公里方圆的地域内足以形成小气候，虽然降雨不多，但分布均匀，空气比较湿润。笔者去时正值春末夏初，雨季开始，晴雨多变，250多公里的路程居然晴雨几次。沿途依地质变化，草原与森林相间，林中都是桉树，灰白色，枝干弯曲，木质疏松，不是好木材，却保持了水土，净化了空气，而且是考拉和袋鼠的栖息地。这种在澳大利亚原生的树种引入我国南方却出现不少问题，自然生态系统的结构巧夺天工，不是人不经过充分的科学研究就能效颦的。例如从巴西引入的水葫芦（学名凤眼莲）在我国南方泛滥成灾，成为水污染的重要原因；而在巴西有一种笔者亲眼见到的特有的小昆虫是凤眼莲的天敌，使之不会疯长成灾。

悉尼不仅提出了口号，而且提出了具体措施。当笔者于2000年11月中在华沙参加欧洲奥委会环境委员会会议听取悉尼的汇报时，知道他们提出并做到了五项保证：

① 确保提供优质的饮用水和运动用水；

② 鼓励和支持全球性保护水储量和自然水质的活动；

③ 避免任何危及或污染地下和地上水资源的用水运动项目；

④ 确保处理好体育活动中的所有废水；

⑤ 不为满足赛艇、帆船等任何一个项目的需要而污染某一地区的公共水源。

进行水环境保护，悉尼的措施严格且具体，并且他们真正做到了，因此也得到了一致好评。不仅如此，悉尼奥运村建在一片处理的垃圾场上，其中有一个砖窑，积雨形成水坑，成了青蛙的栖息地。在规划时，环境总管奥特森先生力排众议把这块小湿地保留了下来。据说青蛙由当时的几十只上升到现在的200～300只，大家都说这是奥特森的青蛙，他一去就会叫。奥特森先生十分得意地把笔者带到那里，这是他陪人参观的保留节目。

整个奥运村中用的都是节水淋浴喷头，用大小两种水量的双按钮马桶，墙上写着节水标语，村里有污水处理厂，40％的用水经过处理后回用。回用水主要是满足绿化用水，在经处理后回用的浇灌区的区外就挂着“非饮用水”的牌子，还有图示，避免外国运动员和小孩误饮非饮用水。巨大的中心体育场的大量污水通过管道运输后集中到污水处理厂处理。在国际奥委会委员等国外高官居住的摄政王饭店的豪华套间的卫生间中也同样放了这样的小牌子：“为了节约水资源，您如果愿意重复使用毛巾，就在用后挂到架子上，我们就不更换了。”这些由小至大的措施，的确使人在悉尼奥运会上进入了一个爱惜水资源、保护水环境的氛围，悉尼奥运会的确拿了一项水环境冠军。

六、人工生态系统与荒漠中的城镇建设——图森与利雅得

迄今为止人类还未建造出一个全人工的自持生态系统，而城镇基本上是一个人工生态系统，所以它必须附着在地域的自然生态系统之上，对于这个自然生态系统，人是可以去改造的，以大大提高它的承载力。

（一）大学城——美国的图森

图森城是一座有 70 万人口、在干旱的荒原上拓建的城市，东、北、西三面环山，图森建在山间谷地，圣·克鲁兹河从城市经过，向南流入墨西哥。

让人想不到的是，图森被称为美国的大学城，在荒原上建大学城，可谓是独具特色。到了图森不进亚利桑那州立大学，就像到北京不去长城。亚利桑那大学校园东西宽 1.4 公里，南北长 1.8 公里，面积比清华大学略小，但有 3.5 万名学生和 1.2 万名教职员工，学生比清华大学还多，却不显得拥挤，原来是因为教师和学生都不住校，所以校园显得比清华大学宽阔。亚利桑那大学并没有高楼大厦，但所有设施都可以和加利福尼亚州的大学相比。亚利桑那大学以尊重人才、高额薪金、安逸的环境和美国的原始特色吸引了一流的教师，因此也招来了一流的学生。因为图森人懂得："大学非大楼之所谓，乃大师之所谓也。"

亚利桑那大学位于市中心，地处老区。向南是新区，新区像所有美国城市一样是大公司和大银行办公楼的聚集区，但图森有自己的特色，一样的高档办公楼，楼却不高，最高的大约十层；一样的打扫整洁的街道，街却很宽，因此不会给人以华尔街那种街道狭窄、高楼蔽日的感觉。尤其是从几座高楼的夹缝中就可以看到远处土黄的荒漠和乌黑的高山，使人感到这新区好像并不是真正的街区，而是在广阔无垠的荒原上临时搭建起来的摄影棚，当从银行大楼中走出身着西装革履的雇员时，他们就像是装模作样的演员。

今天图森已经是一个现代化的城市，但图森着力保持自己的特色，当年牛仔的痕迹不难寻访。在市中心的第一、第二街区，即现代城市起步的地方，也是亚利桑那大学的正门之前，就是一条典型的西部小街，不过木板房已换成了水泥房，一样也是平房；不过木招牌已换成了霓虹灯，一样的西部式的粗犷；不过拴马桩已换成了汽车计价收费器，一样地矗立街边，让人想起当年的情景，难怪大部分西部片的外景都是在图森拍的。图森西部还有一个墓碑镇，是更典型的西部小镇，被称为牛仔镇，目前以接待西部片拍摄为主要收入来源。1200 人的小镇有 80%的居民持枪，笔者经过此镇时看到，饭店、洗衣店还都保持着当年的风貌，路上还有当时第一家医院的遗址牌。美国人的思维已有了变化，在好莱坞外没有再在各处大建影城，而利用了原生的西部小镇，不是一举两得吗？

今天的图森小街上布满饭馆、咖啡馆和杂货店。饭馆多经营汉堡包和热狗等快餐，20 多家饭店中能够正式点菜的只有两家，大多是适应大学生消费不高、需要简单、来了就吃、吃了就走的要求。其中有一家中国餐馆、一家泰国餐馆和一家印尼餐馆，都卖快餐。小镇的设施都不贪大，既符合大学城的要求，又保持了原来的风貌。

（二）人工绿洲——沙特阿拉伯首都利雅得

沙特阿拉伯地处沙漠，人均水资源量仅有 99 立方米，是极度干旱的国家，把人口集中到城市是合理的，1990—2009 年的城镇化年增长率为 2.7%。但这是以巨大的石油财富支撑的，是个特例，而且解决城市供水也成了首要问题。

首都利雅得地区历史上有一片小绿洲，而今天的利雅得则完全是人工绿洲。利雅得年平均降雨量不过 81 毫米，年人均水资源量不过 10 立方米，仅为维持可持续发展最低量的 1/30，属于极度缺水；

而水资源总量折合地表径流深仅几毫米，也是维持地表绿色的1/30。今天沙特阿拉伯的城市用水70%是淡化的海水，所以至少在几百年以前，这里是不可能有如今2000平方公里的绿洲的。但是，在国家博物馆中展出的图画表示，5000年前流向波斯湾的哈尼法、艾桑和迪里耶三条河还是水量充沛，周围林木茂盛，还有河马和水牛生存，真让人难以想象生态变迁之剧烈。今天，除了人工饲养的骆驼和野狼外，大动物已经都没有了。往事越千年，利雅得的生态系统发生如此巨大的变迁，是天灾还是人祸？在利雅得显然是人祸，原来住几千人的小河谷绿洲，现在住了500万，增加了1000倍，水怎么能够用？绿洲如何保得住？

笔者看到的今天的利雅得绿洲真像是荒野上的一簇绿草，驱车四周，在以王国大厦为中心的、长宽各50公里的2500平方公里的绿洲以外全是荒漠，阿拉伯半岛茫茫的沙漠，包围着这块还在扩张，但岌岌可危的绿洲。周围没有河流，哈尼法、艾桑和迪里耶三条河流只是地名，有的连干涸的河床也难以寻觅，一片高低不平的黄色漠野，没有草，没有树，连驼队这种活的东西也不见了，只有公路上汽车这种机器在奔驰，因为石油有的是。

利雅得公园里有树林、草坪，街头有棕榈、草地和花坛，居民家的小院中也种花养草，但没有一棵树和一株草不需要浇灌，街头的每棵树下都有一个喷灌的喷头。由于缺水，除花照样鲜艳外，树和草因为缺水都不是绿油油的，加上风沙使它们都有点灰头土脸，但是用代价高昂的淡化海水能维持到这种程度已经不易了，在沙特北部荒漠中的城市已不得不实行隔天供水。

沙特阿拉伯政府采取社会福利优先的政策，政府对水价给予高额补贴。目前，在波斯湾的达曼和红海的吉达都有世界一流规模的海水淡化厂。在沙特用管道输油不多，但用管道大量输水，是个世界奇迹。在波斯湾的达曼和阿拉伯联合酋长国的迪拜的海水淡化厂，每天向利雅得输水50万立方米，合每人每天100升。目前淡化海水的出厂价大约在4元人民币/吨左右，再加上制水和输送，成本至少7元/吨，但沙特的水价只有4元/吨，政府补贴了一半。

调查了几个居民，由于这样的政策，在如此缺水的沙特，人们的节水意识普遍不强，甚至不清楚水价。但是，由于百年来的传统，沙特阿拉伯人有少洗节水的习惯，因此人均用水量并不太高，月人均用水4.4吨。不过再过几十年呢？年轻一代没受过缺水之苦，用水习惯会改变，届时，一方面是大量用水，另一方面是用于淡化海水的石油收入日益减少，百年之后，沙特会不会再缺水呢？

七、冰天雪地、莽莽荒原上的小城雷克雅未克

冰岛共和国首都雷克雅未克，位于冰岛西南部临大西洋的法赫萨湾内，是世界上所有国家首都中纬度最高的一个，于北纬64°。市区有11.9万人，包括郊区在内的首都区有面积1982平方公里，共20万人，占全国人口的58%。到了雷克雅未克，就见到了多一半的冰岛人。

雷克雅未克靠北极很近，因为高纬度，每年从5月底到8月初是“不夜期”，而从11月底到2月初是“无昼期”。只有在那里住过的人才能体会在光亮的白夜中拉严窗帘入睡的滋味；也只有在那里住过的人才能体会在阴霾的黑昼中上班的凄凉。

冰岛最早的居民是公元874年被挪威国王放逐的贵族阿纳尔逊一家。雷克雅未克于1786年建城，城中现存最古老的建筑是一栋

1752年建的乡村木屋，位于市中心，被漆成红色，因为冰岛从未有过大的战争，才得以保存至今。

在第二次世界大战中，先是英军在1940年，后是美军在1941年，有共达9万人驻扎在冰岛，大部分是在雷克雅未克，因驻军后勤供应的需求，城市也得到发展，旅游业、餐饮业和娱乐业才有了规模。1944年6月，冰岛共和国成立，雷克雅未克成为冰岛首都。

雷克雅未克是座景色很美的城市，西面滨海、北面和东面有高山环绕，山上覆盖着白雪，大海的蓝色、苔原的青色和积雪的白色构成了一幅淡雅的图画。每当朝阳初升或夕阳西下，山峰就现出雅致的青紫色，海水变成莫测的深蓝色，只有白雪永不变色。

雷克雅未克并不像人们想象的那样天寒地冻，而是海洋性气候、温暖湿润。7月份昼夜温度在7～15℃之间，平均温度为11℃，元月份平均温度为－11℃，不是太冷。雷克雅未克周围没有森林，也没有灌木，尽管自然条件恶劣，但是没有消灭农牧业，没有消灭农村，没有消灭农民，还有农场，利用短暂的夏季种植蔬菜。也有大片的牧场，牧民在低矮的青草与苔藓交织的广阔牧场上放羊。

雷克雅未克虽然只有不到12万人，只相当于我国的一个大镇子，但文化很发达，故被称为“文化城”。建于1911年的冰岛大学是拥有2000名学生的综合大学，这里设备齐全，教学水平很高。在国家博物馆中，陈列着冰岛各个历史时期的文物，如石器、铜器；还陈列着古代的绘画、雕刻，其题材除反映爱、神和死以外，也反映冰岛独特风貌的火山、冰川、地热和海洋等自然，画面栩栩如生，十分引人。全市有报纸、出版社各5家，这里还有许多书店销售各种书籍。雷克雅未克冬季长，冬天的黑夜更长，人们利用漫漫的长夜读书看报，已经成为全民的习惯。因此，冰岛人的文化水平很高，是世界上最早扫除文盲的国家之一。

雷克雅未克还利用地理位置适中和社会安定的优势，成为外国领导人会晤和举行国际会议的好场所，所以这个偏居地球一隅，躺在北极上的城市，并非孤悬于大西洋中，反而还有不少的国际交流。

(一) 不用矿物能源的城市

但是，冰岛人明白自己处于生态系统十分脆弱的高寒冻土地带，稍有不慎就可能摧毁自己赖以生存的生态系统，所以他们不但控制人口，而且控制经济发展，珍爱一草一木，尽最大可能利用可再生资源。

冰岛利用现代科学技术充分开发温泉和地热能源，在市内修了密如蛛网的管道，总长度达到 940 公里，把温泉的热水、地热的蒸汽输送到办公楼、住宅区和商业区供人们取暖使用。送到用户家中的水温达 90℃，可直接泡茶、煮咖啡和饮用；在用温泉水建造的暖房里，可种植花木，生产蔬菜。所以，雷克雅未克的居民照样能够吃上鲜嫩的黄瓜、西红柿、葡萄和苹果，甚至还能吃上自产的香蕉等热带水果，这可算是北极圈附近创造的一个奇迹。温泉水还用于游泳池，发展游泳，地处极地的冰岛游泳运动员在世界大赛上还得过名次。由于雷克雅未克充分利用了地热资源，很少用煤和石油，汽车比欧洲城市也少，因此，雷克雅未克现在成了一个“不冒烟的城市”。没有二氧化硫等气体的排放，保住了荒原上的苔藓和小草，使之放出人赖以生存的氧气。

尽管雷克雅未克有充足的清洁能源，但居民传统的节能观念还是很强，为了保温，房子都盖得小巧玲珑。笔者住的阿那沃尔旅馆是座新建的三星旅馆，位于市中心，房间很小，不到10平方米，设备还齐全。尽管是单层窗子，但保温不错，即使没有开空调，也比在阳光下还显阴冷的户外高几度。

由于冰岛用的都是地热，看不见烟囱，所以工业污染距离城市较远。尽管由于天气严寒需要长年供热，而且地旷人稀，热效率低，年人均二氧化碳排放量为7.9吨，约为世界平均水平的2倍，但人实在太少了，所以排放总量很小。雷克雅未克市赢得了“世界上最干净的城市”的称号，这里没有欧洲一般大都会那种耸入云霄的高楼大厦，也没有大街闹市那种如流水似的汽车，更没有烟雾，没有灰尘，没有喧嚣，没有嘈杂；有的是清新、肃穆、安宁和静谧，但也因冷落、空旷而显得孤寂。

（二）简单而精巧的小城

冰岛人个个长得高大，据说是世界上平均身高最高的。但是城中所有的设施都尽可能因陋就简，小巧玲珑，好像他们的建设如履薄冰，建大了、建高了就会塌了一样。实际上这正是最科学的认识，因为他们正生活在冰原生态系统之上。

雷克雅未克中心最靠北临海的地方有一个小高岗，是全城的制高点，大约高50米，与北京的景山差不多。高岗上立有第一个到冰岛定居的阿纳尔逊的直立青铜塑像，只有真人大小。

山下就是码头。海滨有一个钢架的现代雕塑，既像一条起锚的渔船，但有撑脚；又像一条大鱼的骨架，二者合一，把冰岛的捕鱼业合二为一地表现出来，可谓独具匠心，在夕阳的照耀下，雕塑金光闪闪，好像海边的天神异兽。其造价只合人民币十几万元，占地不过十几平方米。

从鱼骨雕向岸上走约300米，西南方不远处就是冰岛的总统府，它坐落在又一个小高岗上，是一座白色小教堂似的两层建筑物，周围没有其他建筑，也没有一兵一卒在此守卫，让人会错认为是富人之家。人们称之为世界罕见的无人守卫的总统府。

从总统府下坡向西约300米，就是雷克雅未克的市中心。市中心是个小广场——雷克雅未克的“天安门广场”，不过两个篮球场大。广场南是雷克雅未克的“王府井”——中心的另一条小商业街，街上有1752年建的雷克雅未克最古老的房子，是一幢已被染成紫红色的大木屋，巨大的屋顶比外墙还高，用来保温。老屋已被辟为小小的城市纪念馆，面积约有200平方米，展览中用图片和文字陈述着城市的历史。广场的东北角是1812年建的国家教堂，现在看来像个大村子的乡村教堂，白色的两层楼是主堂，中央的第三层是钟楼。广场最庄观的就是北面的议会大厦，建于1881年，但也不过是幢两层的灰色小楼，是城市的第一幢楼，像一所普通住宅，只有那白框的大玻璃窗才显出点非民宅的气派。广场北面是20世纪最豪华的旅馆，一共3层，今天看来也是个极普通的旅馆，只有那突出的园厅和哥特式的尖顶才有点豪华的味道，而现在顶多算是3星级。旅馆建于1921年，至今原物营业。

特约宁湖南是新区，才有些五六层的高楼，新建的雷克雅未克大教堂是雷克雅未克的地标，大堂上面有4层的大钟楼，楼上金字塔式的尖顶插入蓝天。在雷克雅未克的任何一个角落都可以看到塔尖，没有其他高建筑阻挡视线。

让笔者不能忘记的是，冰岛2010年的人均GDP是4.2万美元，是我国的近10倍，我国游客一定会问，高大的冰岛人为什么这么小气？

八、水乡城市建设——东京

缺水是建城的大忌，但是，丰水的城市就没有问题了吗？同样也有维系生态平衡的问题，东京就是一个比较典型的例子。在城市，生态平衡只能维护，而且由于叠加了人工生态系统，所以不可能回复到原始生态平衡。正是由于气候干燥、森林锐减，才使猿从森林中爬出直立行走而进化成人。如果回复远古的森林比例，那么人是否要住回森林去呢？

（一）900年前的泥沼地变成今天的东京

东京古称江户，今天有1280万人口，面积2155平方公里，始建于12世纪，因江户川而得名。12世纪之前，这里是由以利根川为主干的大小河流和泥沼组成的湿地，是一片水多于陆，江河纵横的湖沼地带。从东向西是利根川、江户川、中川、绫懒川和荒川。这五条川构成的江户地区经过日本人民1000年的改造，原本宽阔的五川，都变成了宽不过几百米的河流。在这一片水网中，河上有泵站，河边有堤防；横向有运河，地下有直径10米的巨型水泥管道暗河；大的有水库，小的只称得上蓄水池，星罗棋布，纵横交错，构成了大东京防洪、排涝、蓄水、供水和排水的巨大统一系统，只有这样才能保证千万东京人在这片人类夺来的洪涝不断、泥沼相连的低洼地里，过上今天安全而繁华的生活。

东京的中心就在三条河人东京湾的河口地带。西部的最南边是著名的浅草商业区，属中低档；向北是秋叶原经济商业区；再北是上野公园。中部北边是千代田区，属中高档；南边是银座高档商业区。北部中心地带是皇宫，再向北是赤坂新兴富人区。东部有国会议事堂、明治神宫、新宿御苑，北边是新兴的新宿地区，南边是新兴的涩谷地区。

(二)从天上看东京

日本建设省河川局召开过一次国际会议，会后请包括笔者在内的会议主宾乘直升机登空鸟瞰东京江户川流域。

看小河流域大概没有比乘直升机更好的方法了，在地面上看实在是瞎子摸象，只能靠图，而不会有全局的直观印象。从直升机上俯视，中间是庞大的帝宫，呈椭圆形，南北长两公里多，东西宽不到 1.5 公里，大约有 3 平方公里的面积，约合 5000 亩地，大约有两个北京故宫大。与故宫一样有护城河，不过较北京的护城河更为宽阔；与故宫不同的是，宫中没有多少建筑，建筑面积不及故宫的 1/6，但到处是浓荫绿地，日本皇帝崇尚自然可见一斑。日本称宫为宫苑，实在是十分恰当的。直升机两起两落，在东京上空盘旋了 2 小时，透过直升机窗口把绿地如茵、河网如带、车水马龙、高楼林立的东京一览无余。近海处是白色的东京湾大桥和方形的人工岛，是东京人向外开拓的象征。

(三)从水上看东京

热情的主人还安排我们乘快艇游览东京湾。在城区，河两岸是高楼大厦，河两边有水泥护坡，我们仿佛在一座水泥城中行进。东京市区的地面硬化现象是很严重的，但东京是水乡，又靠海，所以热岛现象和地下水埋深下降都不严重。到了近郊区，两岸开始有高尔夫球场、棒球场、草坪和公园。在 1974 年以后，河滩上的建筑被逐步拆除，现在的河滩地全部变成了公共休闲场所，给身居斗室的东京居民提供了户外游乐的场地。这样，当洪水到来时不仅不会在洪水漫堤时淹没居民房屋，还对这些场地进行了“自然灌溉”，真是一举两得。在寸土寸金的东京，留出这些河滩地来保护自然河道实在是不容易的。但本着给水出路、人与自然和谐的原则，这是必需的。早在大禹治水时，我们的祖先就定下了“疏为先”的治水上策。

回程中，日本朋友特地指给笔者看东京无家可归的人临时搭建的木板屋、纸板屋和塑料布屋，各种“屋”都用蓝色塑料布遮起，看起来倒“整齐划一”。原来是东京市政府每月清扫一次，拆除这些临时“建筑”，这些贫民像等待房屋装修一样到地铁站等地暂避一时，一打扫完了马上又回来，重新搭建新居，还蒙上统一的塑料布。看来东京对违章临时建筑也是执法不严，这怕是世界大城市的通病。这些人中大多是真正无家可归的贫民，据说还有的人是因为家庭不和，常来此躲躲清静。

(四) 从地下看东京

东京大概是笔者在世界上看得最全的城市，不但步行游览、乘车观赏、乘直升机上天鸟瞰、乘快艇游河，还入了地，这不是在一般城市中乘地铁，而是达到了地下深 80 米处的“地下运河”。地下运河输水被认为是城市输水最好的方式，美国向西南部缺水地区调水，经州议会多次辩论后，也认为地下输水比地上输水优点多，如可以防污染、防淤积、防中途截水和不占土地等。问题在于代价高昂，美国以最经济的方案地下输水，据说只比地面投资高 1/3。然而东京地下输水由于管线口径大，深挖，工程质量要求极高，再加上日本私人地权一直到地下，政府修建地下工程要花钱购权，所以这段地下运河的修建费用是天文数字，6.3 公里的地下运河需近 20 亿美元，大概是 1 公里 3 亿美元，或者说是 1 米 30 万美元。

我们乘升降机下到运河底层，到地下 6 米以上是 6000 年前的沉积层，每年才沉积一毫米。而 60 米以下的沉积层则是经 10～20 万年形成的，土质变化明显，越往下颗粒越粗，石子越多，反映了地下变化的地质年代。输水管道直径 10 米，再加上作业面，还没通水的地下河道有如宽阔的大厅，工程全部自动化操纵，如此庞大的工程只有 150 人作业。巨大的挖掘机发出嗡嗡的声响缓缓前进，每转一周大约向前推进 4 厘米，需要 2 分钟，也就是说推进速度为每分钟 2 厘米。工程之庞大有序，工人之纪律严明，让人叹为观止。东京的地下输水高度地保证了饮用水源的质量，尽管地表水污染依然存在，但还是让东京人喝上了“放心水”。

九、俄罗斯西伯利亚的“人造城市”线

城市都是“人造”的，但是按本书前面阐述的理念，城市还分为三类：第一类是由皇权、封建领主或计划经济的行政命令建的城市；第二类是由于交通、贸易和工业革命而逐渐自然形成的城市；第三类是前两者混合形成的。在俄罗斯的西伯利亚有着大量按计划经济的行政命令形成的城市，从与我国相邻的黑龙江直到乌拉尔山形成了一条城市线，很有特色。笔者沿着这条线做了考察。

(一) 布拉戈维申斯克——寂静的边城

布拉戈维申斯克（以下简称布城）在我国黑河的对岸，城中十

分寂静，就连河滨的列宁广场，按说应该是热闹的地方，行人却也寥寥无几。广场与江边防护堤形成一体，水泥广场中有座建在高台上的列宁塑像。广场一边是滚滚的黑龙江，另一边则是6层楼高的市政府大厦，两边绿树成荫，显得十分开阔。广场上有六七个儿童，据说是单亲儿童。他们衣衫不整，大模大样地走过来用中国话向我们问好，接着就伸出手要烟抽，一位推着儿童车的妇女，从旁边摇头叹息而过。

布城街道宽阔，房屋整齐，树木不多，给人以地旷人稀的感觉。我们驱车来到了胜利广场，广场中央矗立着纪念第二次世界大战胜利的大理石纪念碑，台基上埋着在二次大战中曾被夷为平地，对战争做出巨大贡献的前苏联9个城市的土壤，都装在铁盒之中。纪念碑前是根部斜插入草坪的方形大理石柱，别有创意。卫国战争是深入俄罗斯人心的历史，一座远离二次大战的新城，找不到什么标志性建筑物来建，纪念卫国战争也比请欧美设计师来杜撰标志性建筑物好得多。广场上有人兜售卢布硬币作为纪念品，由于游客很少，所以顾客不多。一个小姑娘十分真诚地恳请笔者买用塑料袋装好的10叠硬币，共7.5卢布，但是卖到28卢布。可是盛情难却，就买了一小捆，她十分高兴。

本来布城有多座教堂，都在20世纪30年代被拆除，如今只剩一座了，成为首屈一指的旅游点，所以问路时不用说叫什么名字，只说布城教堂就谁都知道了。教堂在一个小院里，是一座三层尖塔状小楼，一层是大厅，也不过100平方米，红墙蓝漆门；二层是有拱顶长窗的红砖楼；三层是一座白色尖塔，塔顶是一个镀金十字架。像这样的小庙如果在我国的城市建设中可能早就被拆除了。

布城给人印象最深的就是空旷、寂静和简朴。街道宽阔，街边两幢楼间也有不小的间距，中间还有老式的俄国木屋，至少已有百年之久，屋中还住人，并不见得是穷人。树木虽不茂密，但表土裸露不多。到了郊区就更空旷了，新建的居民楼一律是典型的前苏联火柴盒式建筑，建筑标准不算太高，不过售价不贵，一套60平方米的单元房只合30万卢布，也就是每平方米5000卢布，只合2000元人民币。但是考虑到是在俄罗斯边陲城市近郊，也就不算便宜了。新建的住宅楼好像售出不多，看不到居民，只见楼前的杂草，在这里开发房地产谁来买呢？看来房地产过热已成为世界的经济流行病。

(二) 伊尔库茨克——煤都

从布城向西是世界闻名的贝加尔湖，过了贝加尔湖仅66公里，就到了伊尔库茨克。伊尔库茨克是伊尔库茨克州的首府，是东西伯利亚的行政中心，有58万人口，全州有280万人口，原始居民是布里亚特人，属阿尔泰语系民族，原来信萨满教，后来形式上改信东正教，但仍保留萨满文化，不过如今城中已难看到这种文化的遗产了。伊尔库茨克是煤炭工业基地，附近的煤产量达3亿吨。

1651年，俄罗斯人在此建立了军事要塞。伊尔库茨克位于蒙古大草原和西伯利亚森林的交界处，出了大草原水就多了起来，密密丛丛的白桦林中有不少潺潺小河流过，从自然条件看是建城的好地方。但是城边没有林带，也没有利用自然美景的居民区，而是按计划建好的浓烟滚滚的工业区，铁路两旁都是高大的厂房，然而这些靠前苏联人民节衣缩食建立起来的重工业基地，已落后于时代了。

新西伯利亚城是西伯利亚第一大城，也是新西伯利亚州的首府，西距莫斯科3200公里，有137万人口，全州有250万人口。远远望去，整座城市像一个大工厂，烟囱林立，大概没有除尘装置，浓烟滚滚，全城笼罩在一个灰色的“蒙古包”里。唯有那条叶尼塞河从城中穿过，它宽阔的河面才给这昏暗的画面带来一线生机。笔者逛了逛小店，它非常像乌鲁木齐的商店，门上挂着大棉帘子，食品装在大玻璃瓶子里。生松子 1 卢布（约合 4 元人民币）两小茶杯，核桃般大小的青西红柿要 8 卢布 1 公斤。面包很便宜，约合人民币 2 角钱 1 两，看来城市远没有解决蔬菜和水果的供应问题。

从新西伯利亚乘火车向鄂木斯克进发，鄂木斯克是鄂木斯克州的首府，有 116 万人口，全州有 218 万人口。过了鄂木斯克就是闻名世界的秋明大油田所在地——秋明，这又是一座新兴的石油与天然气工业城市，远远望去还有霓虹灯在闪烁。秋明是秋明州的首府，有 50 万人口，全州有 320 万人口，大部分人口都是在发现油田后于近 30 年内移居过来的。

从布拉戈维申斯克到秋明的直线距离是 4000 公里，铁路沿线近 6000 公里，比从漠河乘火车到湛江还远，沿途 10 万人口以上的城市就有 10 多个。这些城市留给人的印象是千篇一律，笔者懂俄文，如果不仔细看标牌，根本无法辨别是到了哪个城市。一样的火柴盒式楼房居民区，一样的临街商店，一样的黑烟囱大厂房，看不到河湖，看不到古迹，让人索然无味。外来者无所谓，只要当地居民生活好就行了，但是居民也不喜欢这里，俄罗斯稍一富裕，居民就走了 1/7，人去楼空。看来市民光有工作和宜居环境还是不够的，城市还要有高质量的服务和文化特质。这些城市依靠的煤、铁和石油，看来是采不尽、用不完，但是，这个世纪还能依靠，下个世纪呢？

十、美国硅谷的人造城镇链

前苏联搞的是东部大开发，建设了东部大开发从西到东的城市链；而美国搞的是西部大开发，也建设了硅谷从北到南的城市链，但是这两条链却大不相同。

1950年，华莱士·斯特林任斯坦福大学校长，弗莱德里克·特曼任副校长兼教务长。特曼眼光远大，十分注重科学研究成果的应用，支持两个大学生进行了前所未有的科技创业。斯坦福大学的两位毕业生威廉·休利特和大卫·帕卡特就靠着特曼借给他们的580美元和从银行获得的贷款，于1954年创办了“休利特-帕卡特”公司，即惠普公司。惠普公司开了大学科研人员创办公司的先河，成为“硅谷”的开始。

办公司需要厂房和土地，虽然斯坦福大学有的是土地，但是创办学校的老斯坦福留下遗训，大学的土地不得出售，只能为学校扩展所用。斯特林和特曼想出一个绝妙的办法，把大学的荒地以很低的租金租给有志于开办公司的斯坦福大学教职工和研究生，很快，一批志愿者在这里租用土地，开设工厂，把自己的科研成果变为产品。自1954年起，这里就开始了影响深远的科学研究与工业生产相结合的斯坦福科技园区的建设。

1958年，又有两位斯坦福大学的研究生在这里创办了苹果计算机公司，后来闻名于世。除了新创办的公司外，一些如施乐等著名的大公司也逐渐被“硅谷”所吸引，来这里开设分公司、办事处和技术开发中心，和大学合作搞新技术的开发。笔者来这里考察并在施乐公司讲演时，总裁和高管们认真听讲，他们的科学求实精神使人认识到“硅谷精神”的真谛。

自20世纪60年代以来，一些高技术公司开始向斯坦福大学购地建设，施乐公司的伯罗阿鲁托研究中心就是在1970年建立起来的，而“硅谷”就从伯罗阿鲁托向南沿谷地延伸，公司越建越多，地皮越卖越贵，人才蜂拥而至，竞争日趋激烈。至20世纪70年代末，仅仅十几年时间就发展到了谷地的另一端圣·何塞，绵延达100公里。在太平洋岸边的这片谷地里，高技术的创业者代替了昔日到西部来创业的牛仔，苹果计算机代替了昔日满谷的苹果林，飞船导航系统代替了昔日小河中自在的游鱼，当年的“果谷”变成了今天的“硅谷”。人们再也看不到手持短枪骑着大马的“牛仔”，有的只是拿着手机，开着汽车的博士老板。现在，这个谷地已经有几千家公司，100万雇员，加上家属不下400万人。笔者登上施乐公司研究中心的小山向东南望去，沿着圣·佛朗西斯科湾谷地，五颜六色的楼群就像大小不同、色彩各异的巨石躺在谷中，一个个小城镇向西南缓缓流去，消失在加利福尼亚的崇山峻岭之中。

以惠普和苹果为代表的“硅谷”大公司一枝独秀，成为美国经济前一轮持续增长推动力的代表，在美国的知识经济中产生了越来越大的影响。到了2000年，整个硅谷地区的生产总值达5000亿美元，如果当时在世界上排位，则是超过俄罗斯和印度的世界第12大经济实体，人均地区生产总值是美国平均水平的3倍。21世纪以来，非理性、不科学的金融衍生产品和IT过度发展的泡沫在美国产生了经济危机，这是后话，其实危机的出现正是因为违背了“硅谷精神”，现在硅谷人痛定思痛，正在复兴。

比较俄罗斯西伯利亚的城市链和美国加利福尼亚硅谷的城市链，它们有如下不同：

① 前者是政府指令性计划的产物；后者是高科技成果产业化的产物。因此，前者城镇建设雷同，千篇一律；后者城镇建设创新，百花齐放。

② 前者靠的是政府征地投资，建设贪大、追快、求全；后者是高科技企业自筹资金创业发展，根据需要建设，循序渐进，在世界上独树一帜。

③ 前者依赖的是矿产资源，产业附加值低，城镇和居民都不富裕，还有矿竭城衰的危险，市民有点千人一面，生气不足；后者依赖的是人的智力资源，城镇和居民在世界上是最富裕的，有应对危机的自调节能力，居民个性外向，生机勃勃。当然，由于巨大的工作压力，硅谷已经开始有吸毒等现象存在。

十一、住巴黎六年的启示

在国际上共识的四大世界城市中，按综合条件比较，最好的是巴黎，这是大多数人的共识。有一个最好的例子，联合国官员包括驻在纽约的美国人，退休后最想住在巴黎的占多数。城市以人为本，当然要以人的好恶来评判，所以这个统计最能说明问题。北京要建设世界城市，最好的取向也应该是巴黎，因为从历史、人文、城市结构、地理和气候条件来看，与北京最像的也是巴黎。

（一）玫瑰泉小镇

玫瑰泉小镇虽距巴黎市中心 7 公里远，但交通方便，有直达地铁，20 多分钟即可到达。小镇位于巴黎的南大门，是座小山城，山高达 100 米，比北京的景山还高，小镇有大约 3 万居民。小镇的历史最早可追溯到1084年。20世纪50年代，这里还是盛产玫瑰的村子，遍山的鲜花供应巴黎的鲜花市场和香料工厂。70年代，由于巴黎市区扩张，这里变为卫星城，再也看不到乡村的痕迹，假日里笔者找遍全镇，只剩两家花农了。花农对笔者叹息到："城市扩建为什么要毁了这个农村玫瑰小镇呢？否则满山玫瑰不是个自然公园吗？现在又要毁别的农村再建公园，拆东墙补西墙，政府为什么不和我们商量一下而这么糊涂呢？"

笔者在山脚下皮埃尔小街的一幢四层公寓里住了两年半，单元在二楼。楼上视野开阔，环境幽雅，真是个做学问的好地方。这里是巴黎中产阶级聚集区，知识分子很多。

在国内常听说国外都市人情淡漠，乍看起来的确如此，邻里几乎从不串门，见面最多打个招呼，不少人连招呼都不打。这里也有都市生活环境与节奏等特殊原因。听说甚至有孤寡老人心脏病发作，死了半个月才被收水电费的人发现这种事情。

然而还有另一方面的例子。玫瑰泉镇上办有业余法语学校，一星期两次，免费教授。老师多是大学生，也有家庭妇女，没有分文报酬，自愿教课，风雪无阻，态度认真，很值得我国新型城镇化农业转移人口的新区借鉴，教的当然不只是中文。笔者没时间去城里学校上正规课以后，就在这里继续学法语。班上多是外籍工人。有一次笔者问老师："您为什么要来这里义务教学呢？"她回答："我想外籍工人来到法国工作，不懂法语，有多难啊！我应该尽点自己的力量帮助他们。"邻里之间这样淡漠，对需要帮助的外国人又这样热情，巴黎也充满了矛盾。

(二) 三住巴黎

作为改革开放后首批出国访问的学者，笔者曾前后在巴黎长住过3次，有3处住所。第一次是1979年在前述的玫瑰泉小镇，住的是20世纪60年代末建的新单元楼，是两室一厅，两室分别为10和13平方米，客厅约20平方米，总面积约70平方米。这里是巴黎白领居住的新区，当时法国人均GDP已相当于15000美元，像笔者居住的单元楼已是大学毕业10年的法国电信公司工程师理想的住宅了。

第二次是1990年，当时法国的人均GDP已相当于18000美元。当时笔者住在巴黎市中心第6区，卢森堡公园附近的小街卡塞特，南距卢森堡公园不过100米，北距著名的圣苏尔庇斯教堂也不过300米，是巴黎的市中心。这条街也很窄小，在宽不过3米、长不过100米的小街上全是住户。笔者住在南头靠街的一幢近二百年的6层老楼中的一个小套间单元里，一共不到30平方米。这就是巴黎中产阶级在市中心的住宅。这是一条闹中取静的小街，在小街里听不到百米之外闹市的喧哗，街上通常没有几个行人，一派古老巴黎宁静的气氛。房屋都临街，里面由楼围成一个天井似的小院子，因为院子很小，仅有30～40平方米，所以只能种一棵树。由于街窄楼近，从自己的窗户就可以清楚地看到近在咫尺对面楼中的住户家中。平时还有窗帘，在闷热的夏日就一览无余了。由于邻里经年累月从不来往，因此这大概是唯一见面的机会，有时还举手互相致意，在这里住了半年多，居然不认识一个邻居。垃圾有人及时倒，小街有人清扫，巴黎的环境卫生搞得很好，但也有时因为罢工，垃圾堆满门前。

笔者1993年在巴黎的第三个长期住所位于市中心第15区巴斯德大道上。住所是19世纪的建筑，当时正值拿破仑第三要建宏伟大巴黎的时候，巴斯德大街十分宽阔，宽达50米，分上下行，中间还有绿地，街边大楼也显得十分高大。笔者住的同样是个套间单元，有45平方米。这里是巴黎的高级住宅区，已是巴黎中上层的住宅。

当时认为巴黎的房价是天价，可今天与北京相比已是小巫见大巫了。当年，巴黎每平方米的平均房价是最低月工资的2～3倍，而现在北京已是20倍，平民已经不可能买房了。控制房价应该以人为本，以国际上绝对数字计算进行比较毫无意义，应看人能否住得起。巴黎的房价又是如何控制的呢？应该仔细研究。

(三) 周恩来故居

更使笔者难忘的是1979年10月16日，周总理在巴黎旧居路上的纪念像揭幕了。法国总统德斯坦、巴黎市长希拉克都出席了仪式。在意大利广场戈德夫鲁瓦大街17号小旅馆的这间4平方米斗室里，除了一张单人床、一张桌子、一个洗手池和一把椅子之外，再放不下任何东西。当年法国的人均GDP已相当于3000美元。走进小屋，那陈旧的桌椅仿佛散发出总理青春的气息，据说当年集会时邓小平和陈毅等同志都来过这里。每当笔者散步在意大利广场，或坐在街心花园的长椅上，眼前便情不自禁地出现总理在这里散步、休息的情景。处境生情，不觉陷入无限的回忆与遐想。

笔者记得在一次工作会议之后，几个国家的科学家坐在一起喝咖啡、闲聊时谈到一个题目："世界上有没有全心全意为人民的政治家？"一位科学家问我："您看呢？"笔者回答："我看有，可能还不止一个，中国的周恩来就是一个。"紧跟着，活跃的讨论气氛突然凝固了。整整静默了3分钟，几个人分别用英语和法语低沉地说："是的。"没有一个人提出异议。除了一种思想而外，一种精神也是最宝贵的财富。

回忆是痛苦的，思索是惆怅的，而现实是愉快的。1980年6月16日，笔者作为访问学者代表在巴黎见到了邓颖超同志，她深情地对笔者说："高崇民同志（我的姨父）和周恩来及其他同志一起，为西安事变做出了贡献。"（新华社有记录稿）老一代去巴黎寻求救国的真谛，笔者生活在另一个时代，就去寻求新型城镇化的规律，为祖国的复兴做点贡献吧。

(四) 邓小平故居

邓小平同志在巴黎的故居位于巴黎西北近郊的上塞纳省拉卡赫姆-哥伦布区，距巴黎市中心约10公里，距城边仅3公里。故居原为波安特街39号，现在叫迈德里克街39号。邓小平同志于1921年4月到巴黎之后至1922年2月住在这里，去里昂后于1923年6月又返回，直至1926年初离开法国，基本都住在这里。

波安特街39号是一座1910年建的、独立的三层楼房，楼外有个院子，当时被旅法中国学生租做会馆式公寓，住了许多人。20世纪20年代这里还是荒郊野外。站在宅前小街上，当年杂草丛生的荒郊仿佛在目，当年郊区工厂轰隆的机器声仿佛震耳。1980年现在的房子主人已是一位常居美国的法国商人，几经联系，他回来度暑假时笔者访问了这座已粉刷一新的房子。上了高台阶以后，一楼已打通，成为大厅，而当年都是隔开供单身居住的小房间。二楼是较宽敞的卧室。三楼的亭子间据说是1924年办《赤光社》出油印刊物，邓小平同志刻钢版的地方。房间现在看起来还算宽敞，但想当年几十人住在这里就拥挤不堪了。据房主说，邓小平同志1975年访法时曾来过这里。

笔者走访了小平同志邻居的一位老人，已经70多岁，他记得儿时这里还住着中国学生，到他的少年时代，就都搬走了。他说，现在街头小教堂前的自由市场那时就存在，邓小平先生一定来这里买过菜；街边的咖啡馆也是当年的老店，邓小平先生一定在那里吃过叫“新月”的奶油牛角面包，近3年的上千个日日夜夜，这小小的街区一定留满了邓先生的足迹。当时法国的人均GDP相当于4200美元，小平同志“小康社会”的蓝图底版就是在这里诞生的吧？任何一种美好事物的实现都不是只凭理论引导的遐想，而只能依靠出自实际的设计。

房子几易其主。为了作为永久的纪念，老人向新房东要了一些未搬走的中国线装书，最后还把这珍贵的纪念物送给笔者几本，其中有光绪十五年（即1889年）出版的《力学须知》和《成唯识论》等，力学公式是竖排的，可见当时传播科学之艰难。上面盖有“工育励进社”和“中华会馆”图书馆的印章，据说当年小平同志曾负责图书馆，不知他是否管理过这些书籍。1992年笔者曾经赠送一本给小平同志家人。

（五）巴黎对天价消费的管理

巴黎对城市的管理也有颇多借鉴之处。城市以人为本，政府首先是依法执政，管好衣食住行，巴黎在这些方面做得比较全面。从“衣”来说，巴黎既有香榭丽舍大街的顶级时装商店，也有著名的“大地”廉价店，还有许多二手衣店，当然对消毒管理很是严格，各区还有星期日集市，家庭自己出来卖旧衣。对“住”来说，主要靠市场调节，但也有限价政策。从“行”来看，巴黎环内（巴黎只有一环）任何一处在500米内可以找到地铁站，而且城市所有路线一票通，只要不上到地面，一张票可去任何一地，巴黎的公共汽车四通八达，更让人惊奇的是车站牌上像火车一样，敢标出班次的到达时间，直到20世纪80年代初基本正点，可见司机付出了多大的努力。21世纪以来正点率有所下降。

最值得一提的是巴黎对餐饮业的管理。巴黎保证市民健康，取缔饮食摊，对大小餐馆都有限价政策，理论依据是“以人为本”。开餐馆是为了让市民吃饭，所以价格应限制在让最低工资的人每月在餐馆吃饱100顿饭。20世纪70年代末，巴黎的最低工资是3000法郎/月，也就是说，中档以下餐馆应保证30法郎的低档菜饭让人吃饱。对于约100法郎以上的天价菜，认为不是满足市民饮食的需求，而是“艺术品”，因此按艺术品实行累进税制，政府收税后保证中上等餐馆的低档菜。这一理论曾在巴黎市议会听证辩论，最后餐饮业联合会也承认合理。因此，包括“银都”和“马克西姆”等世界知名的顶级餐馆都没有“天价菜”。

会所也不能逃脱政府监管。20世纪80年代，美国驻联合国教科文组织代表曾请我们去最高档的会所吃饭，是租私人王府的餐厅，请专门厨师班子来做世界顶级的饭菜，可谓天价。但到了20世纪90年代，这种高消费也被取消了。

在餐饮执法严格上，伦敦有个例子。据说有一个餐馆，因为不使用收款机而逃税，税务局就派了一个职员扮成顾客去该餐馆吃了3个月饭，把逃税情况一一记录，最后把老板罚得倾家荡产。餐馆必须使用收款机，这不仅是税收的保证，也是限价政策的保证。

十二、大城市的改造——柏林和约翰内斯堡

由于经济、政治和生态等各种原因，原有的大城市扩建和改造是世界上很常见的现象，这里仅记录柏林和约翰内斯堡两个典型城市。

（一）柏林是个大工地

柏林人幽默地说："罗马是永恒的城市，柏林是永久的工地。"对于1999年9月的柏林，"大工地"是最贴切的形容。统一后的德国联邦议院于1997年6月20日决定，要在1999年10月3日，即在第二次世界大战54年之后把首都迁回柏林，因此柏林到处都在建设——到处是吊车，到处是围栅，透过围栅可以看到翻起的黄土和赤膊流汗的工人。

在原柏林墙中段一带，则被称为"柏林的荒漠"。当笔者乘出租车到达"荒漠"中的一个单位时，司机说："到了。"等我们下车一看，杂草丛生，杳无人迹，连个问路的人也找不到，真不相信这是在柏林的市中心。原来，当时两个德国都担心爆发战争，谁也不投力量建设分界线附近的区域，因此形成了这条"柏林的荒漠"带。两德统一以后，这里需要开始建设。但早在希特勒时代因仓促上马建设，1934—1935年就有一些楼倾倒，因为这里原是沼泽沙地，地基很成问题，要想再建设，就要重整地基，而重整地基需要大笔投资。自1991年，多方投资了50亿马克，大规模抽水，改造勃兰登堡门南北各一块"闹市中的荒地"，共4平方公里，仅地基一项的耗资就合每平方米1200马克，若再盖起楼，真不知道还要投入

多少资金。

柏林的兴建计划十分庞大，政府搬迁除原有建筑需要装修外，还有不少设施需要赶建，并且都要在1999年10月3日前限期完工，笔者于9月7日到达时正处于冲刺阶段。所有工地都被围了起来，笔者乘火车去波茨坦时，在火车站才居高临下看到了位于柏林市中心的新火车站和总理府工地，现在刚动工，要2003年完成。工地上吊车林立，工人们汗流浃背，人来车往，巨坑深沟，好不热闹，整个柏林的中心都像一个大工地。

参与柏林大建设的不只是德国人，外商投资还不算，许多国家政府还直接参加进来。勃兰登堡门西南原为使馆区，第二次世界大战中遭到破坏，由于这里属联邦德国，而西柏林又不是联邦德国首都，因此这些国家就在波恩重建使馆，原使馆就荒芜了，又造成了柏林闹市中的“荒原”。现在德国迁都柏林，这些国家旧地重用，在这里重建使馆，瑞典、挪威和芬兰等北欧国家的使馆已近落成，印度、日本和意大利的使馆刚刚开工，也是一派热闹繁忙的景象，给柏林这个大工地增添了国际色彩。

柏林的改造是政治的需要，但不单靠政府投资，而是大力吸引民间和外国资本，尽可能使基建市场化。建设中几乎所有工地都有限期完工的标牌，供市民监督，避免更多的扰民和扬尘。

柏林的大建设已经尘埃落定，不想2013年事故又起，开发商3月27日拆除已成为画廊的东柏林墙，为建豪华住宅清道，引起居民抗议，纷纷表示：“不能只看钱!”东柏林墙记录着世界冷战的历史，的确比豪华住宅更宝贵。

(二) 南非的商业中心约翰内斯堡

约翰内斯堡不仅是南非的黄金生产与交易中心，也是钻石交易中心，更为全面地说，是商业中心。

约翰内斯堡是南非最大的城市，是非洲仅次于埃及开罗的第二大城。自种族隔离制度消除以后，大量黑人进入，面积约 270 平方公里，现有 400 万人口，其中 3/4 是黑人。约翰内斯堡完全是随着 1884 年金矿被发现而兴起的一座城市，至今不过 130 年历史。如果从 1928 年设市算起，不过 85 年，是世界上最年轻的大城市之一。2002 年召开的世界首脑会议更使约翰内斯堡这个城市为中国人所熟悉。

从 1898 年起，约翰内斯堡的黄金产量就高居世界之首。它地处世界最大的黄金矿中心，周围 240 公里的弧形“金带”内分布着几十个金矿，估计储量占世界的 60%。由于铁路开通，金矿扩大开采，使约翰内斯堡迅速成为世界金矿业及其加工业的中心。据估计，迄今为止世界上已开采出 11.2 万吨黄金，其中有 3 万吨以上来自南非。约翰内斯堡以西的瓦尔里夫斯是新兴的世界最大的金矿。市郊有世界最大的兰特炼金厂。

种族隔离的取消使得约翰内斯堡这个城市发生了巨大的变化，不少企业离开，白人开始向市郊迁移，著名的 2002 年约翰内斯堡环境与发展世界首脑会议就是在城北完全新建的桑德东城会议中心召开的。白人开始在这里建设别墅区，建设新约翰内斯堡。而市中心人去楼空，非洲第一高楼——豪华的卡尔顿大厦底层成了杂货摊的市场，让人看了心酸。而城西南世界著名的黑人聚集区，居民开始向市中心迁移，整洁的街区已开始塔棚子。

看来对于一座城市只有金子是不够的，第一位的还是和谐与稳定。现在经过10年多的努力，约翰内斯堡在重新布局后已基本复原。但是，连年的动迁实际上本可以不发生。以三元模式来分析，当年政府应该严格执法，否则烂摊子还得自己收拾；企业应有远见，应该认识到变动是暂时的，不必急忙搬走；老居民应该面对现实，积极对待外来人的融入；而新居民应以城市主人的心态遵纪守法，逐步融入大城市。这正是后来的变化，但走了10年的弯路。

十三、法国有特色和生命力的小镇——贡比涅、沙特尔

发达国家有许多小镇环境幽雅、设施齐全、独具特色，有可持续发展的能力，现在大家已经熟知的美国马斯卡廷小镇就是一个。笔者在法国住过6年，也有不少熟悉的小镇，法国的许多小镇也和巴黎一样有味道。这次挑选巴黎南北各写一个，笔者曾在假期自己骑车前去两小镇各不下10次，不仅流连忘返，而且总想重游。

（一）文化之镇——贡比涅

贡比涅是在巴黎以北50公里的密林之中的一座小镇，建城于1000年以前，19世纪初，拿破仑曾在此指挥对欧洲联军的战役。像大部分欧洲小镇一样，贡比涅也有一个小巧但气派的市政厅，古堡式的三层楼，中间有尖塔，两边有配塔，两翼有配楼，厅内陈设富丽堂皇。虽然所有的办公室都显得狭小，但没有拆掉建新楼。当笔者明知故问时，公务员回答："怎么能拆掉文化呢？"笔者不禁想如果我国的县城都保存了县衙，那么后代会怎么想呢？市政府人员

还请笔者在右侧配楼的市府餐厅中用了法国北方风味的佳肴，所用器皿均是银制，造型华贵美观。

市政府前照例是个广场。广场地面由石块嵌成，没有翻改成水泥地面，经几个世纪的摩擦已经很光滑，由于石质坚硬，竟无一破损。欧洲的石结构建筑和石嵌地面与中国的砖木结构建筑和砖铺地面相比的确耐用得多，可说是千年大计。欧洲人常说："产品的质量就是民族的素质。"这句话是耐人寻味的。

流经贡比涅的美丽的瓦兹河使小镇变为了一座旅游城，瓦兹河是巴黎的母亲河——塞纳河的一条支流，因此从贡比涅可以一直乘船到达巴黎。瓦兹河河面宽阔，流水清澈，市民沿江而住，游艇顺流而过，蓝天之下，碧水之上，绿林之中，红楼之畔，贡比涅的河滨部分是一幅美丽的图画，每年的夏日都吸引许多游客，在游艇上观光美餐，度过一个惬意的假日。

贡比涅森林是有名的狩猎区，森林中更为著名的是一节火车车厢。这节造于20世纪初的豪华车厢，油饰一新，停于密林中供人参观。这节车厢是第一次世界大战法军元帅福煦的指挥部，当时的林中铁路现已拆除，只留下一小段怀旧。1918年11月11日德国战败，在这节车厢上与法国签订了停战协定。车厢旁有纪念碑，在紫色大理石制的小凯旋门下，一只灰石雕的鹰张着翅膀，倒毙在地上，象征德国战败。胜利者福煦元帅的雕像立于高石之上。林中有简陋小巧的纪念馆。三十年河东，三十年河西，1940年希特勒德国击败法国后实行了报复，强定法国于6月22日在这同一节车厢中签订了停战协定，然而历史终究不是"面人"，5年之后希特勒德国覆灭，法国也没有再要求回到这一节车厢来签字了，人类毕竟对"战胜"有了新看法。战争过去了50年，当年的一片枯木已是葱绿一片，半个世纪足以使生态修复，只是从战争中焚毁和砍伐的老树树根上还可以看出那硝烟的遗迹。森林中树木浓密，空气清新，如此有历史意义的森林，所有的纪念用地不过一个篮球场大。是的，如果毁林建馆还有什么历史意义呢?

近年来，使贡比涅更为著名的是 1972 年才建立的贡比涅大学，在百年老校林立的欧洲，贡比涅大学得以脱颖而出是因为它的确独具特色。在校长 L 教授管理下，贡比涅变成了一所为高技术培养人才的工科学校，教学与研究相结合，教学与技术开发相结合，培养了实用人才。在法国失业率高居不下，尤其是大学毕业生就业十分困难的 20 世纪 90 年代，贡比涅大学的毕业生比较抢手，这的确是个了不起的成绩。

贡比涅镇大约有 5 万人口，古朴清幽，居民衣着也不奢华，是一个文化城市。这里既有古迹，又有现代的贡比涅大学。贡比涅没有成为巴黎的卫星城，完全没有房地产开发。笔者多次驱车来贡比涅，20 世纪 90 年代初到小镇时真有一尘不染的感觉，街上没有一张废纸，没有一片落叶，没有一堆浮土，在巴黎附近还留了一个清幽的去处。小城给人以好感，是个难得的幽静去处。

(二) 历史之镇——沙特尔

沙特尔在法兰西岛大区和中央大区交界的厄尔-卢瓦尔省，人们谈及巴黎周围名胜的时候总把它也算上。沙特尔在巴黎西南 71 公里，是座宁静的小镇，有 4.2 万人口，以城中的大教堂闻名于世，它被联合国教科文组织定为世界文化遗产，也是法国九大名教堂之一。

沙特尔闻名于世界是由于它的大教堂。大教堂之所以出名有以下几点：一是大教堂建得早，落成于1160年，比巴黎圣母院的开工时间还早，尽管1194年被烧毁，但1260年重建后仍比巴黎圣母院落成早85年。二是教堂造型宏伟奇特，规模庞大，达2700平方米。教堂正面左右各有一座造型不一的尖塔，是法国少见的不对称教堂建筑。三是教堂有色彩鲜艳的彩色玻璃窗，这也是它举世闻名的原因。玻璃窗上面刻画着5000个人物，其中大多造于12—13世纪。玻璃窗呈鲜红、雪白、湛蓝、翠绿、墨黑、杏黑、深棕和淀紫8色，十分艳丽，阳光照过，光彩夺目。刻画的人物有圣母、神父、国王、大臣、富商、平民、农民和差役等三教九流，几乎无所不包，其中有许多神话传说和真实故事。

小镇沙特尔也别有特色，这座历史古镇位于高岗之上，小河拥抱之中。高岗之巅是沙特尔教堂，教堂之下躺着这座静静的小镇。小河绕城而流，并在镇中心分成三叉，因此居民住在河边，住宅的后花园紧依着小河，就像一座水上花园。小城的难得之处是非常静谧，城中仿佛无人居住，无声无息，不动不响。只有高耸的教堂冒着仙气，只有依夫小河在潺潺地流淌。来到教堂的成群旅游者，也像受了小城恬静的感染，不声不响，静静地享受这宁静的舒适。沙特尔小城有山、有水、有文物，实在是星期天郊游的好去处。沙特尔没有地标建筑、没有高楼大厦、没有豪华旅馆，沙特尔大教堂就是最好的地标，高楼会破坏清幽，而建豪华旅馆不会有多少顾客，沙特尔小镇保持了自己的理智和聪明。

沙特尔小镇做足了宣传，不但巴黎人视其为假日休闲圣地，略知法国历史的游客都认为不到沙特尔，就没有游全巴黎。

巴黎南北的这两个小镇，均距巴黎约一小时车程，近在咫尺，但又各有特色。这两个小镇虽然是自然形成，但都有其独立的城镇化观念：

第一，两个小镇都不愿成为巴黎的“附庸”，与巴黎保持了近百里的农村隔离带，实际上是生态保护带。这样既保护了自己，也保护了巴黎的生态系统。同时，不开发房地产而避免成为巴黎的“宿舍”。

第二，两个小镇都保持了自己的历史与特色——贡比涅森林和沙特尔大教堂。安静与清幽，不仅吸引了巴黎人度假，也吸引了外国的游客。

第三，两个小镇都找到了自己的发展方向和经济增长点，贡比涅是新大学（不是巴黎大学的分校），而沙特尔是信息技术公司。

十四、维多利亚湖滨肯尼亚小港基苏木的严重污染

在1990年到2009年间，肯尼亚的城镇化率高达3.8%，也是随着工业化进行的，但出现了严重的问题，小城基苏木就是个典型的例子。

基苏木市位于赤道，紧靠维多利亚湖，掩在世界著名的肯尼亚热带雨林之中，是肯尼亚在湖边最大的港口，也是肯尼亚的第四大城市。1965年仅有2.5万人，而现在已有50多万人口，是肯尼亚和乌干达的贸易集散地，也是大湖区尼安萨省的行政中心。

（一）热带新城

笔者住进了基苏木最大的旅馆，第二天早晨一觉醒来，打开旅馆的落地窗，真有改天换地的感觉。窗外是一幅画，是一幅维多利亚湖的风景画，湖光山色，美不胜收，宛若住在仙境一般。

我们的陪同是一位教授D先生，他准时到达。我们商定行程后就向基苏木城区驶去。旅馆坐落在东郊的新区，进城要穿过大半个新区，新区树木茂盛，街道宽阔，房屋整齐。进入市区，这个热带小城也保持了郊区恬静的风貌，建筑不高，多呈白色，还有漆上淡紫色的外墙，很有热带风情，街道宽阔，不算拥挤。透过这个小城也可以看出肯尼亚经济的发展和对外开放的程度，肯尼亚商业银行大楼、肯尼亚中央银行大楼和巴克利银行大楼都是城市中最高大的建筑。在市中心大街上，基苏木中心邮局是一座红顶大屋檐的两层棕色建筑，很有非洲特色。通向大湖区的路上开始脏乱差起来，街道年久失修，路边垃圾无人清理，使人疑惑：湖区究竟怎么样呢？

维多利亚湖是世界上第二大淡水湖，位于坦桑尼亚、乌干达和肯尼亚三国交界处，占地6.94万平方公里，有4个北京市大，属于肯尼亚的领域主要是卡维龙多湾，占湖面的7%，也有近0.5万平方公里，与我国最大的淡水湖鄱阳湖的湖面积差不多。维多利亚湖是高原湖，平均海拔1100米，平均水深40米，最深处80米。它是白尼罗河的源头，湖岸曲折达7000公里，多良港，基苏木就是其中之一。湖中和湖边物产丰富，非洲鲫鱼、棉花、水稻、甘蔗、香蕉和咖啡等出产很多。

从一个方向看维多利亚湖，陆上的丛林深入湖内形成绿洲，湖面水平如镜，湖的尽头山上丛林密布，朵朵白云从山上飘过，七色彩虹从湖面升起。湖边的岸上巨大的仙人掌和棕榈遮日，剑麻和灌木丛生，绿茵铺地。树上一只红嘴蓝鹦鹉在跳跃，天空一只鲜黄色的小鸟掠过，蒙蒙细雨打在芭蕉上，大小鹧鸪叫在树丛中，有动有静，有声有色，真是美不胜收。远远有一艘船开来，艰难地在湖面的绿萍中前进，仿佛破冰船在推开坚冰，不知为何无法前进。

(二) 水葫芦成灾

从另一个方向看维多利亚湖，我们沿基苏木城南败落的道路下到了维多利亚湖畔的基苏木火车站。车站好像已经停用，车站大门关闭，我们的陪同下了车才叫开门。车站内道路泥泞，我们走到了货车站台，货舱门紧闭，看不到工人，看热闹的倒不少。走到湖边才看到靠岸的水边全是水生植物——水葫芦，以盖地之势铺满湖面，湖面由蓝色变成绿色，让人几乎看不见湖面，那艘船正是在水葫芦中前进，举步维艰。就连水面开阔的地方，也卧着一簇簇水葫芦，好像黑色的怪物，准备吞噬这剩余的湖面，远处工厂冒出的一缕缕浓烟直冲云霄，此时美丽的维多利亚湖的卡维龙多湾，好像是一个藏污纳垢的池塘。基苏木的工业发展得很迅速，又多是制革、化工、印染、食品和水泥等污染严重的行业，只求利润，不治污染，虽然得到了一时繁荣，但破坏了环境，造成了此刻的恶果。

水葫芦已经使航运停顿，一年只有九个月通航，以躲避水葫芦的高发期，也是世界奇闻。在码头上，一艘巨型货轮被围在水葫芦里已有时日，四周飘满垃圾，油漆已经斑驳脱落，船舷也已经锈蚀斑斑。巨轮开足马力冲不出重重缠绕的水葫芦，因而困在港口成了这般模样，没亲眼所见真让人不敢相信。因此，火车站败落了，港口败落了，基苏木的南郊败落了。世界上什么灾都有，但水葫芦灾还真不多见，这些水葫芦自何而来呢？是人“种”的。在维多利亚湖周围，也包括基苏木的人们向湖中排放工厂废水、农田积水和生活污水，使湖水富营养化，从而促使水葫芦无尽地生长。湖水的富营养化和污染的后果还远不只是水葫芦滋生，湖中的鱼类和各种水产都在减少。

维多利亚湖肯尼亚区域的污染让人触目惊心，已经严重影响了经济发展和人民生活。笔者的观感真可以用“难以置信”4个字来形容，一个小镇发展成一个城市，仅30年，人口才50万，工业还不发达，就已经到了这种程度。维多利亚湖是世界第二大湖，面积达6.9万平方公里，而且入湖河流多、水量大，湖水置换速度快，如此巨大的生态容量都容不下50万人、人均GDP不到1000美元的污染，如果基苏木达到100万人，人均GDP达到1万美元，那么维多利亚湖将变成什么样子?！这真是城镇化的一个十分惊人的例子。其实，我国昆明的滇池不也曾有过这种苗头吗？21世纪初基苏木已开始治理，但早知今日、何必当初呢？

十五、纽约、孟买和开罗的贫民区

世界城镇化发展中的一大弊端是由于发展过快而出现了贫民区，这一问题的解决远不像盖房让贫民上楼那么简单。

（一）独穿哈莱姆区

与哥伦比亚大学隔两个街区就是著名的哈莱姆区的起点。1981年一到纽约，朋友们就告诉笔者，纽约社会秩序不太好，为了确保安全，早9点以前不要出去，晚4点以后一定要回来，某条街最好绕着走，地铁最好不要乘，哈莱姆区当然更是禁区。

尽管朋友们一再劝阻，笔者还是做了准备开始哈莱姆之行。该区大体上从110街开始，仅走了几个街区就发现街上有些异样，成群结队的黑人小伙子站在人行道上，双手叉腰，无所事事，忽而目光炯炯地盯着行人，忽而转身向楼上大叫。大楼从建筑上看不出和其他区的差异，然而，玻璃残破不全，墙壁熏得漆黑，阳台上挂着五颜六色的衣服，窗口里传出吵闹刺耳的音乐。据说这里的住户为了不交房租，砸坏暖气、煤气和自来水的管子，被修好后就再砸，以至市政府只得放弃，不再来收房租。

为了更深入了解贫民区的生活，笔者走进了一间咖啡馆。里边光线昏暗，气味不佳，客人不少，全是黑人。看笔者走进去，全体顾客莫名其妙地“唰!”地一下站了起来，但是一言不发，气氛紧张，笔者真是进退维谷，只好要了一杯咖啡，咖啡馆中一阵阵酒精和霉烂的气味袭来，只得在柜台前一饮而尽匆忙离开。直到走出门外，才听到里面一片沉重的落座声和一阵喧哗。

越向前走，街道越脏，路边垃圾成堆，两座由鲜艳的霓虹灯装饰的商店中间就是一片废墟，瓦砾场连着垃圾堆，有一段残墙上还挂着摇摇欲坠的外楼梯，只剩下孤零零的铁架子。铁架子上三层楼高的地方坐着两个黑孩子，一男一女，露出他们雪白的牙齿，微笑着向笔者招手，他们每动一下，都让人感觉楼梯会垮下来。街上几乎没有白种人和黄种人过往。街角有一堆堆人群在交头接耳，窃窃私语，他们警惕地盯着每一个行人。在凄凉和恐惧之中，笔者从头至尾走完了哈莱姆区而到达了 140 街，大约 3 公里。

当时的美国报纸、电视台一再宣传已经为解决黑人问题尽了最大的努力，不仅建了大批笔者见到的廉租房，甚至建了提供免费午餐、有基本生活费的职业培训学校，以提高黑人市民的文化水平和劳动技能，从而使他们找到合适的工作。就连各大电视台的播音员也总是一黑一白地同时出现以示平等。但是，不少人到职业学校中仍不学习，出来在街上闲荡，似乎是爱莫能助了。这里有一个最简单的道理：金钱上的债务，是可以在一秒中偿还的；而精神和文化上的债务，则往往几代人也还不清。黑人在美国历史上受到严重歧视和残酷压迫的债务，即使有人真的想偿还，也还要一段时间，美国解决这个问题花了近30年时间。

（二）孟买的贫民区

在1990年到2009年间，印度以2.4%的年增长率进行城镇化，但这一速率对于印度的经济支撑能力来说还是高了，从孟买的贫民区就可以看出来。孟买在世界大城市中居第四位，也是仅有的4个超过1500万人口的大城市之一。

在孟买，接待我们的是英迪拉·甘地发展战略研究所，这个研究所建在孟买北郊区，是联合国开发计划署（UNDP）援建的。研究所位于一个高岗之上，周围有浓密的灌木，稀疏的树林，碧绿的农田，也有裸露的土地，看得出来这里原来是农田和荒地。研究所依岗而建，别有特色，研究所和招待所楼建得都不高，最多只有三层，但房间高大，门廊开阔，颇具热带特色，白色的办公楼，奶油色的招待所，显得雅致和谐，是一个潜心研究的好地方。研究所设备不错，全用微机装备，可以用激光彩色打印输出。其中有一个通过由污染造成损失的金额来计算环境效益的研究项目软件已达到世界先进水平。

就在这所现代化的研究所门前近在咫尺处，居然有一圈贫民窟，与研究所的环境形成了鲜明对照。世界上的贫民窟笔者见过不少，20世纪80年代初，甚至在意大利罗马郊区也见过，但是反差如此之大还是第一次。其特别之处就在于：其他地方是在贫民窟附近建了高楼大厦，而对贫民窟正在治理、拆除；但这里是一个新建小区，刚刚落成就出现了新的贫民窟。研究所门外有用木棍支着铁皮搭的棚子，肮脏的塑料布从棚顶垂挂下来就算是墙壁；稍好一点的有几层碎砖为基础，上面是破木头支起的窗框，窗有破玻璃的，也有塑料布的。这些棚前是一个巨大的垃圾坑，好像垃圾填埋场，腐瓜菜、碎瓶罐、塑料制品和各种包装，搅成一团，五颜六色，散发出一股股臭气。垃圾坑和棚子之间是杂草和小水坑，从那蓬乱的头发和灰黑色的短裤可以看出孩子们的生活状况；妇女们也穿着灰黑的白衣，从棚中钻进钻出，还不断向大垃圾坑倾倒垃圾，向小水坑中泼洒污水，继续在破坏已经让人不堪忍受的环境。这一切都发生在联合国开发计划署援建、刚刚落成的“研究环境”的研究所的雪白楼和奶油色墙之下。这些印度最低层贫民的月收入只有 30 美元，不到研究所中博士生的 1/10。

登上研究所的楼顶，远眺海滨，乳白色的高级公寓楼，浓荫下的花园别墅，那里就是孟买的富人世界。海滨的林荫道被高大的柳树、棕榈遮住了路中心，茁壮的芭蕉和灌木遮住了路边。海边的凉风习习吹来，使得骄阳炙烤下的柏油路也有了凉意，红花、黄花和紫罗兰在路边草地上盛开，鸽子和雄鹰在蓝天上飞过。贫民区无遮无拦骄阳似火，富人区浓荫蔽日凉风习习；贫民区垃圾臭气冲天，富人区海风清新爽利；贫民区垃圾成堆，污水发腐，富人区海岸干净，海水清澈；贫民区土路坑坑洼洼，富人区道路宽阔平坦，两个区几乎是两个世界。

贫富差别确实是目前世界城镇化进程中几乎所有国家都很难避免的，而贫富悬殊又的确是目前世界上所有国家在城镇化的进程中都必须避免的。

(三)“死人城”与“无顶房”

在发展中国家城镇化的大趋势下，世界上也有城镇化不升反降的大国：埃及的城镇化率从1990年的44%降到2009年的43%，这是为什么呢？自20世纪70年代初至80年代末，埃及经济高速发展，在人口快速增长的情况下，城镇化也高速进行，年增长率近3%，出现了一系列问题，在1990年以后，不得不逐步把年城镇化率降到1.8%，刚好赶上人口增长速度。看看“死人城”就一目了然这一过程了。

“死人城”在开罗城的东南，“死人城”顾名思义是埋死人的地方，这里也真是一片墓地。说叫“城”这里还真有城墙，不过墙是只有一米多高的土墙，中间开了很多月亮门，多一半都埋在土里，大概是由于地势低洼，经年累月被脏土、垃圾逐渐掩埋的缘故。

“死人城”已经有1000年的历史，当年是安葬建于公元972年的艾资哈尔神学院毕业生的地方，那时这里还是开罗的西北郊，随着开罗的扩大，墓地就变成了城区的一部分，安葬的也不仅是学者，还有达官贵人了。

在1平方公里的墓地区域里，居住着开罗社会最底层的人们。他们有的住在富人的墓厅里，兼看护死人；有的在墓穴之间见缝插针，自盖干打垒简易住房；有的住在草棚里，有的住在一半埋在地下的地窝子里，还有的干脆住在地下的墓穴里。

“死人城”里没有路，凹凸不平的空地上积着水，铺着泥，边上还有成堆的垃圾，穷人的孩子就在这里嬉戏，贫苦的主妇就在这里为一家准备晚餐。这里居民之密集、条件之恶劣，让人难以想象。更令人吃惊的是，据埃及报刊说，有的下级军官的家居然也住在这里。

“死人城”也不是一片沉寂，不时还有汽车开进来，或许是穷人的富亲戚，或许是在开罗买一辆旧汽车实在比找一个栖身之地容易得太多了，这是城市畸形发展的恶果。

笔者两次考察“死人城”，1987 年是第一次，2002 年再来“死人城”的时候，好像规模还有扩大。据说已从住 10 多万人增加到 30 多万，里面起了街名，排了门号，开了店铺、学校、邮局，还有警察岗楼，是名副其实的城了。“死人城”像一个巨大的土黄色棺柩，死气沉沉地卧在那里，看不出一点生机，墓厅、干打垒、草棚、地窝子和墓穴就像是这个巨大棺木中的蚁穴，或为小小的凹坑，或者稍稍隆起，偶尔从贫民窟中钻出一两个人来，恰似在棺柩上爬行的蚂蚁。而邻近“死人城”的街市，则是另一个世界，热闹嘈杂，熙熙攘攘，有卖杂货的，卖小吃的，卖菜的，卖肉的，全是摊贩，席地设摊，沿街叫卖，把“死人城”居民干瘪钱包中仅有的几个皮阿兹赚走。

埃及政府还是解决了百姓的吃饭问题，政府每年支付几百亿埃镑用于食品补贴，所以只要你不进高级商店，基本食物还是十分便宜。1987 年够一顿午饭的大饼不过合人民币 7 分钱一个，卷上点菜也不过 1 毛多钱，橘子最便宜的不过合人民币 3 分多钱一斤。如果吃个饼卷菜加个橘子，两毛钱也就把午饭打发了。2002 年这个价钱只翻了一番，仍是十分便宜。

2002 年，情况有了不小的改变，政府把通货膨胀率控制在 2% 左右，14 年来，埃镑对美元的比价未变，而且把失业率降到 8%，实在是了不起的成就。埃及实行了低工资、广就业的政策，在政府机关中，开电梯都有专人，工资只有 250 埃镑，大约 500 元人民币；

而大学毕业生要找到一个自己满意的工作仍然十分不易。

当然，改变现状也不只是政府的责任，既然大学毕业生严重过剩，为什么富人和穷人的儿子又一定要在这条死胡同里挤呢？学些专门技能不行吗？个别人钻研社会生产用不上的知识可以说是研究，如果一大批人都去做无用功，又是为了什么呢？

2002年来埃及又看到了一个独特的事物——“没顶楼”。盖的新居民楼都不完工，不但外表不粉刷，居然连顶都不封，顶层只有墙，没有盖，裸露的钢筋对着蓝天。而且不是一座、两座，甚至是一个街区，当然都在近郊区。

为什么会出现这些无顶楼呢？据说是来自于埃及政府的一项政策。由于埃及人口激增，而耕地几乎没有扩大，农民大量涌入城市，政府来不及盖足够的廉租房，无处居住，进城农民就全家凑钱在市郊买地（埃及允许土地买卖），盖了这些无顶楼。可为什么不封顶呢？因为完工的住宅要交纳一系列税金和费用，这些买地盖房已花光了最后一分钱的进城农民就只得不封顶居住，到什么时候有钱再让它完工吧。

据说这些无顶楼中的房间里还是收拾得不错的，但窗子多是木板的，原因也是为了省钱，玻璃贵，开罗又不下雨，白天大开，晚上关严，还省了窗帘，真是一举两得。当然，这里的居住条件是可想而知的，因为没完工，没人来清垃圾，楼边街旁堆满垃圾，如果不是开罗不下雨，又有骄阳暴晒消毒，怕是要闹瘟疫了。至于说绿化和其他社区设施，当然就更谈不上了。遍布埃及西部近郊的无顶楼区，一片连一片，黄乎乎，土蒙蒙，没有一点绿色，仅有的色彩是楼窗挂满的五色衣服。

通过这件事笔者也更了解埃及了：一是政府的政策的确是为人

民着想，但是要配套严谨，考虑后果；二是不能说埃及老百姓素质低，他们的法律意识很强，很守法，你不是说不完工不收费吗？我就让它不完工，因为我实在没钱，总得有地方住吧。

十六、欧美高官和巨富的城市生活

第二次世界大战以后，西欧和北美国家吸取历史的教训，致力于解决贫富悬殊问题，虽然至今没有解决，但已经有了较大改善，民怨开始缓和。笔者通过调研发现，统计数字上的收入差别只是问题的一部分，更为重要的是穷人有否社会保障和富人如何生活，如果大多数富人把财产用于投资再生产和公益，而自己过着并不奢华的生活，那么对社会就是有益的，穷人的怨气也会小得多。除少数暴发户以外，经过两个世纪的认知，大多数欧美富豪还是有知识而内敛了。

（一）访纽约巨富

1985 年笔者第二次来纽约住在公园林荫大道——纽约富豪的聚集区。这条街自 14 街起，纵贯曼哈顿南北，长达 10 公里，直至东河岸。这条大街落成于 19 世纪 70 年代，两边富丽堂皇的大厦林立，街道宽阔整齐，清洁安静，还有街心花园点缀。到圣诞节时，街心的树上都挂满彩灯，火树银花延绵十几里。高级公寓外有凉棚，内有警卫。一般单元的面积都在 300 平方米上下，但落成太早，没有车库，富豪们也要把车停到几个街区以外，走上一两公里回家。室内也没有什么超级现代化设施，至多不过是有复线电话，一条打进，一条打出。然而，纽约、巴黎、伦敦的屋价并不取决于房间的大小和设施，而取决于位置。公园大道上的公寓的租金和购价可以10倍于远郊区同样的公寓。

这里的主人们也并不仆佣成群，至多不过雇个半天佣人来收拾屋子。买菜是男主人的义务，做饭则是女主人的工作。当然，因为他们都让子女外出自力更生，一个单元里通常只住两三个人，人均面积很大。他们平日的饮食与常人没有多大区别，而只有在你看到他们和国立博物馆竞争购买文物时才会显示出他们的财力。这条街也并非懒惰之街，一般人都收听早晨六点半的新闻。

笔者的朋友、原美国八大财团之一的继承人梅隆夫妇就住在这条街上，我们是在上海的一次国际会议上认识的，他没有司机，年过七旬，自己开车去机场接笔者。梅隆先生豁达大度，从不像有些外国代表那样计较会议组织上的问题，对组织者十分体谅，显示出高深的文化修养，我们谈得很投机。他穿戴随便，不穿名牌，态度随和，不摆架子，阅历很广，饱经沧桑。直到两三年后，才知道他住的公园大街在纽约是条什么样的街。

梅隆先生是20世纪初美国八大财团中的梅隆财团的后人，他本人现在并不是资本家，而是个土木工程师和遗产继承者，经常捐款给基金会用以发展科学研究。梅隆先生与中国的渊源已经有两代人之久了，他父亲1926年就来过中国。他自己也前后5次来中国，第一次是1937年，乘的是历史上横越太平洋的第二班飞机，当时敢乘飞机做如此长途飞行的人还不多。他是世界知名的陶瓷收藏家，迷恋于中国的古代陶瓷，认为这是艺术和技术的结晶。他为人十分谦和，连小孙女都和他开玩笑："喂！共产党来我家做客了，你不能总当剥削阶级，晚宴的盘子该你洗！"他毫不生气地回答："本来是该我洗的，谁让发明了洗碗机呢？"梅隆先生认为，世界上任何有理智的人都会承认，中国的改革开放政策是中国走向富强的唯一途径。梅隆先生生在纽约，长在纽约，对纽约这个“大苹果”有着深刻的认识和深厚的感情。他也对哈莱姆区摇头叹息，但是他说：“我看了纽约70年，它总在变化，总有新的东西出现，总有旧的东西消失。”这大概是纽约这只“苹果”真正诱人之处吧。

(二) 住在希腊中将家

笔者以观察员的身份参加了雅典奥运会，率一个小组住进了一位退役的希腊空军中将的家。S中将先生年过70，已退役10年，是直升机驾驶员出身，至今在希腊的在世将军中论资排辈也肯定在前100号之列。

中将的家在雅典近郊的帕蒂西亚区，相当于北京的海淀区，S先生很热情地把我们迎进他家，老先生中等偏矮的个子，背微驼，皮肤白，头发黑，态度谦和。如果不是一双神采卓异的大眼睛，几乎看不出当年中将威风凛凛的痕迹。中将毕竟是中将，S先生从人们的表情中看出疑惑，很快把我们引到他卧室前的一个小书架边，书架顶上摆着一张他身着戎装站在直升机前的照片，照片已经发黄，像是20世纪40年代末照的。书架上挂着一幅铅笔素描肖像，那个留着一撇小胡子、神采飞扬的少将（当年是少将）真就是面前的这个老头。

将军夫人是位个子不高的瘦老太太，与超市中购物的家庭妇女全无二致，只是一双大眼睛还留着当年的风韵。S太太倒不用专门介绍，屋里倒处摆的是她当年的“美女照”，从20岁一直到50岁，以后就没有了。当年的她的确很漂亮，像个贵夫人。

在欧洲夏天的旅游度假期，居民把房子租出去是很常见的事。

自己的房子租给外国旅游者，而自己去旅游目的地租当地居民的房，交叉换位，两不相扰，各得其所，建筑资源得以充分利用，而且都省了大笔旅馆费，也是循环经济的理念，值得在国内推广。但是一位退役中将这么做，还是出人意料。老两口住到妻弟家中去了，主要是为了挣钱。

S先生家的简朴令人吃惊。他家住在一座9层公寓的7楼上，家中唯一气派的房间是只有26平方米的大客厅；主卧室只有11平方米，另两间小卧室不过9平方米；厨房可以摆餐桌，大约有10平方米；两个卫生间分别只有2平方米和4平方米；加上过道，整个单元使用面积仅80平方米。不过，前后各有一个大阳台，还比较宽敞。一个中将家的单元折上阳台只有99平方米，国人大概难以想象。问题在于，先不说我国不适于人类居住地区的面积比例比希腊大得多，希腊每平方公里人口密度83人，而我国每平方公里140人，子孙后代能在哪里扩大住房面积呢？

S先生家的简朴远不止住房面积，有些地方简直让人吃惊。家中有些沙发和柜子属名贵家具，大约还有两幅小油画比较贵重，这就是老两口近50年的积累；除此以外，说因陋就简、厉行节约是毫不过分的。先说电视，客厅有一架19寸电视，用了10年以上，还舍不得安装公用天线，图像经常不清楚，急坏了我们这些以看奥运为工作的人。另一架电视摆在主卧室里，至少用了40年，现在几乎没法看了。再说家具，家里的旧沙发，在北京多数家庭是要卖旧货的，但S夫妇都罩上洗得干干净净的沙发罩在使用。更让人惊奇的是铁丝编的衣架和洗衣回来的劣质塑料衣架，都摆在衣柜里使用。打开衣柜，S太太的陈旧老装都洗得干干净净，挂在那里，笔者赶忙请她锁上，没想到她没有一点不好意思，连说：“没关系，没关系，不用锁。”看来节俭真是这位希腊中将的家风。

中将家用的便具都是节水器具，这当然不仅是因为中将的节俭。希腊是个丰水的国家，人均水资源量高达 5100 立方米。但是，地中海气候使希腊在春夏有长达半年的旱季。我们住了 9 天，天天是气温高过 30℃的艳阳天，蒸发量极大，因此，希腊的森林覆盖率只有 20％多一点。雅典为保证奥运会供水采取了多项有效的节水措施，中将家也身体力行。

参考文献

[1] 吴恩裕.马克思的政治思想[M].北京:商务印书馆,1945.

[2] 吴季松.知识经济——21世纪社会的新趋势[M].北京:北京科学技术出版社,1998.

[3] 吴季松.知识经济学理论、实践和应用[M].北京:北京科学技术出版社,1999.

[4] 吴季松.1984—2000我的知识经济及其管理研究[M].北京:北京科学技术出版社,2000.

[5] 吴季松.知识经济学[M].北京:首都经济贸易大学出版社,2007.

[6] 吴季松.循环经济[M].北京:北京出版社,2003.

[7] 吴季松.新循环经济学[M].北京:清华大学出版社,2005.

[8] 吴季松.循环经济概论[M].北京:北京航空航天大学出版社,2008.

[9] Wu Jisong. Recycle Economy[M]. Italy, Gorgonzola:Effeelle, 2006.

[10] 吴季松.中国可以不缺水[M].北京:北京出版社,2004.

[11] 吴季松.现代水资源管理概论[M].北京:中国水利水电出版社,2002.

[12] 吴季松.水资源及其管理的研究与应用——以水资源的可持续利用保障可持续发展[M].北京:中国水利水电出版社,2000.

[13] 吴季松.百国考察廿省实践生态修复——兼论生态工业园建设[M].北京:北京航空航天大学出版社,2009.

[14] 吴季松."浪漫国度"法兰西[M].北京:北京出版社,2003.

[15] 吴季松.欧洲文明之路·希腊·意大利·英国[M].北京:北京出版社,2003.

[16] 吴季松.德国之谜·奥地利·瑞士[M].北京:北京出版社,2003.

[17] 吴季松.人类从这里走向海洋——西欧[M].北京:北京出版社,2003.

[18] 吴季松.白雪皑皑的北欧[M].北京:北京出版社,2003.

[19] 吴季松.浩瀚的俄罗斯·东欧[M].北京:北京出版社,2003.

[20] 吴季松.人类最早和最迟居住的地方——非洲和大洋洲[M].北京:北京出版社,2003.

[21] 吴季松.创新的美国·美洲[M].北京:北京出版社,2003.

[22] 吴季松.宗教圣地西南亚[M].北京:北京出版社,2003.

[23] 吴季松.学习的日本·东亚·中亚[M].北京:北京出版社,2003.

[24] 吴季松.横向看世界[M].北京:北京出版社,2003.

[25] 吴季松.日本的循环型社会[M].北京:中国发展出版社,2007.

[26] 吴季松.欧洲的循环经济与北非的水[M].北京:中国发展出版社,2007.

[27] 吴季松.西亚和南亚的可持续发展[M].北京:中国发展出版社,2007.

[28] 吴季松.东亚的生态系统[M].北京:中国发展出版社,2007.

[29] 吴季松.非洲的自然资源[M].北京:中国发展出版社,2007.

[30] 吴季松.美洲和大洋洲的自然资源管理[M].北京:中国发展出版社,2007.

[31] 吴季松.从世界看台湾[M].2 版.北京:清华大学出版社,2007.

[32] 吴季松.世界草原与海岛考察[M].北京:北京航空航天大学出版社,2009.

[33] 吴季松.世界的极地与沙漠生态考察[M].北京:北京航空航天大学出版社,2009.

[34] 吴季松.21 世纪社会的新细胞——科技工业园区[M].上海:上海科技教育出版社,1995.

[35] 吴季松."信息高速公路"通向何方?[M].北京:中国铁道出版社,1994.

[36] 吴季松.重归前三名——写在北京奥运之前[M].北京:清华大学出版社,2008.

[37] 吴季松.中国经济发展模式——摸着科学与知识的石头过河[M].北京:北京航空航天大学出版社,2012.

[38] 叶文虎,吴季松."循环经济与中国可持续发展研究"系列丛书[M].北京:新华出版社,2006.

[39] 吴季松.科技工业园走向知识经济[N].人民日报,1998-11-23.

[40] 吴季松.机制创新、矩阵管理和发展知识经济[N].光明日报,1998-4-7.

[41] 吴季松. 创新是知识经济的不尽资源[N]. 北京日报,1998-4-20.

[42] 吴季松. 一种新经济学的提出——新循环经济学[J]. 公共行政学报(台湾政治大学),2006(3).

[43] 吴季松. 让全国人民喝上好水——我国饮用水的战略思考[J]. 新华文摘,2008.

[44] 吴季松. 新经济学的理论系统及其实践体系[J]. 新华文摘,2010.

[45] 吴季松. 以科学发展观正确认识、利用和创新 GDP 核算[N]. 科技日报,2010-6-2.

[46] 吴季松. 知识经济——经济发展方式转变的根本动力[N]. 科技日报,2010-8-18.

[47] 吴季松. JET 注入线的研制[法文][J]. 法国原子能委员会会报,1979.

[48] Wu Jisong. Olympic Games Promote the Reduction in Emissions of Greenhouse Gases in Beijing[J]. Energy Policy, 2008, 36: 3422-3426. [SCI, IF=2.436].

[49] Wu Jisong. Comparing the Expertise for Decision-making and Management of R&D between Developing and Developed Countries[R]. IFIAS, UNESCO, 1986.

[50] Wu Jisong. The Role of Natural Science, Technology and Social Science in Policy-making in China[英文、法文、西班牙文][J]. International Social Science Journal, 1992: 132.

[51] UNESCO. Internal Report: Science Section[R]. UNESCO, 1980-1994.

[52] UNESCO. Nature and Resources[R]. UNESCO, 1980-1996.